e625 - 2022
Dallas, Texas
e625 ©2022 por Calo y Nash

Todas las citas bíblicas son de la Nueva Biblia Viva (NBV)
a menos que se indique lo contrario.

Editado por: **María Gallardo**
Traducido al inglés por: **Peter Cerra**
Diseño interior y portada: **Bárbara Soriano**
Ilustración: **@edimundobp**

IISBN 978-1-946707-64-2

IMPRESO EN ESTADOS UNIDOS

A NUESTRA PREADOLESCENTE ETERNA,
VICKY AMARILLO. MIENTRAS INTENTAMOS RESPONDER
ALGUNAS DE TUS MUCHAS PREGUNTAS ENCONTRAMOS
PAZ EN SABER QUE YA TIENES TODAS LAS
RESPUESTAS.
¡TE RECORDAMOS Y AMAMOS
PARA SIEMPRE, AMIGA!

TO OUR ETERNAL TWEEN, VICKY AMARILLO.
AS WE TRY TO ANSWER SOME OF YOUR MANY
QUESTIONS, WE FIND PEACE IN KNOWING THAT YOU
ALREADY HAVE ALL THE ANSWERS.
WE REMEMBER AND LOVE YOU FOREVER, FRIEND!

CALO Y NASH (Y CALEB)

INDEX

CONTENIDO

PART I: PREPARING FOR TAKEOFF

What's the first move you make to jump? You squat down and gather the energy that will make you fly higher, right? How great are those seconds before the jump, full of adrenaline!

Through this booklet we want to invite you to prepare for takeoff by traveling to the depths of your being to expand your faith like never before. Here we go!

"Then Christ will make his home in your hearts as you trust in him. Your roots will grow down into God's love and keep you strong. And may you have the power to understand, as all God's people should, how wide, how long, how high, and how deep his love is. May you experience the love of Christ, though it is too great to understand fully. Then you will be made complete with all the fullness of life and power that comes from God."
(Ephesians 3:17–19)

Faith

PARTE I: TOMA IMPULSO

¿Cuál es el primer movimiento que realizas para saltar? Te agachas en cuclillas y preparas toda la energía que te hará volar más alto, ¿verdad? ¡Qué geniales son esos segundos previos al salto, llenos de adrenalina!

Por medio de este libro queremos invitarte a tomar impulso viajando hasta lo más profundo de tu ser para expandir tu fe como nunca antes. ¡Allá vamos!

Pido también que, por medio de la fe, Cristo habite en sus corazones, y que ustedes echen raíces y se cimienten en el amor, para que puedan entender, en compañía de todo el pueblo santo, lo ancho, largo, alto y profundo que es el amor de Cristo. Pido que ustedes experimenten ese amor, que nunca podremos entender del todo. Así estarán completamente llenos de Dios. (Efesios 3:17-19).

CHAPTER 1

KNOW GOD

As a preteen, you've probably built up in your mind many ideas about who God is. Your family, culture, and friends have probably influenced that, each sharing different definitions of "faith" with you. That's great, but today we want to challenge you that in addition to the certainties you bring, you can fill yourself with questions. Yes! Those difficult, uncomfortable questions that maybe you don't dare to say out loud or in front of your elders. This is a safe place to question everything! Why? When we feel we already know it all, we tend to put God in a little box. That way, we lock Him into what we were taught about Him and are left with only one way of seeing Him. That's too boring a way of knowing Him.

God is infinite! You will never fully understand Him, but you don't have to. We simply want to encourage you to live the experience of knowing God without limits!

how about a hat?

don't forget the beard

CAPÍTULO 1

CONOCE A DIOS

Como preadolescente, seguro has construido en tu mente muchas ideas sobre quién es Dios. Probablemente tu familia, cultura y amigos han influido en eso, compartiéndote cada uno de ellos diferentes definiciones sobre la fe. Eso es genial, pero hoy queremos desafiarte a que además de las certezas que traes, puedas llenarte de preguntas... ¡Sí! Esas preguntas difíciles, incómodas, que quizás no te animas a decir en voz alta o frente a los mayores. ¡Este es un lugar seguro para cuestionártelo todo! ¿Por qué? Cuando sentimos que ya lo sabemos todo, podemos llegar a meter a Dios en una cajita. De esa forma, lo encerramos en lo que nos enseñaron sobre Él y nos quedamos con una única forma de verlo. Esa es una manera de conocerlo demasiado aburrida...

Usa esta cosa que brilla

¡Dios es infinito! Seguramente jamás lo comprendas en su totalidad, pero tampoco es necesario que lo hagas. ¡Simplemente queremos animarte a vivir la experiencia de conocer a Dios sin límites!

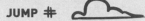

GOD'S PROFILE PICTURE

IF GOD HAD A SOCIAL NETWORK, WHAT WOULD HIS
PROFILE PICTURE LOOK LIKE?

We usually picture an old man with a long beard looking
down on us from above, dressed in a robe and hair down to His
waist. Have you noticed how much He looks like Dumbledore,
the headmaster of Hogwarts, or Triton, the Little Mermaid's
father? They could be cousins!

**But does God really look like that? Why do we imagine
Him that way?** Many movies get their ideas about the image
of God from the sculptures and paintings of artists of the past,
who were often inspired by Greek culture. In other words, at
one point in history it "became fashionable" to depict God that
way, and the tradition has continued to this day.

Now, how do you usually draw the sky? In general, since we
were little, we paint it in light blue, as we see it in most books
and cartoons. However, if you pay attention, you will notice that
a sunrise can be orange, a sunset can be violet, and on stormy
days everything turns gray and gloomy The sky can take on
many colors and still be the sky! In the same way, God can be
represented in many, many ways, but He is still God.

In the Bible we find different "profile pictures" of God,
depending on which of His characteristics is being highlighted
at that moment. For example, to demonstrate His strength He
is depicted as a wild cat *("So now I will attack you like a lion,
like a leopard that lurks along the road,"* Hosea 13:7), while to
express His gentleness He is shown as a mother caring for her
chicks *("He will cover you with his feathers. He will shelter you
with his wings"* Psalm 91:4). Each image illustrates an aspect
of God Himself!

**So why is it important to think about how we see God?
Because it directly affects how we relate to Him.** Sometimes

△

LA FOTO DE PERFIL DE DIOS

SI DIOS TUVIERA UNA RED SOCIAL, ¿CÓMO SERÍA SU FOTO DE PERFIL?

En general, nos imaginamos a un hombre viejo con barba larga que nos mira desde arriba, vestido con una bata y pelo hasta la cintura. ¿Has notado lo mucho que se parece a Dumbledore, el director de Hogwarts, o a Tritón, el padre de la sirenita? ¡Podrían ser primos!

Pero, ¿acaso Dios se ve realmente así? ¿Por qué lo imaginamos de ese modo? Muchas películas toman sus ideas sobre la imagen de Dios de las esculturas y pinturas de artistas del pasado, que a menudo se inspiraron en la cultura griega. Dicho de otro modo, en un momento de la historia "se puso de moda" representar a Dios de esa manera, y la tradición ha continuado hasta hoy en día.

Ahora bien, ¿cómo acostumbras a dibujar tú el cielo? En general, desde pequeños lo pintamos de color celeste, como lo vemos en la mayoría de los libros y dibujos animados. Sin embargo, si prestas atención, notarás que un amanecer puede ser naranja, un atardecer puede ser violeta y que en días de tormenta todo se vuelve gris y resplandeciente. ¡El cielo puede tomar muchos colores y aun así sigue siendo cielo! De la misma manera, Dios puede ser representado de muchísimas formas pero siempre sigue siendo Dios.

En la Biblia encontramos diferentes "fotos de perfil" de Dios según cuál de sus características se desea resaltar en ese momento. Por ejemplo, para mostrar su fuerza se lo representa como un felino salvaje (*"Por eso vendré sobre ustedes como un león, o como un leopardo que está al acecho en el camino esperando su presa"*, Oseas 13:7), mientras que para expresar su dulzura se lo muestra como una mamá gallina cuidando de sus pollitos (*"Él te cubrirá con sus plumas y bajo sus alas encontrarás*

we think it's hard to know Him, so we don't even try. Don't fall into that trap!

It's true that if you're playing in a park, you're likely to feel more comfortable with a person your own age rather than an old stranger with a long beard, but can you imagine God with the profile of a preteen? Playing the games you like? Doing the dances that you enjoy? Uploading content to social networks? God created the heavens and the Earth. But remember that He also inspired creativity so that skateboards, the internet, and your favorite band could exist. Think of God as someone who knows absolutely everything about you, who is an expert in what you love, and someone you can spend time with. He cares about everything you care about!

Being aware of your connection to God is the most exciting thing you can experience. If God seems boring, distant, or too busy with "adult" topics, you're looking at the wrong profile picture!

- *Ask yourself: Does the way you see God help you connect with Him or, on the other hand, is it a hindrance to that?*

- *Take a sheet or your tablet and create a «profile picture» of God. You can do this by drawing, making a collage, or however you like. You can also design it on your phone with inspirational images and words—set it as your wallpaper or in a visible place to remind you!*

THE WAY YOU SEE GOD INFLUENCES THE WAY YOU RELATE TO HIM.

refugio...", Salmos 91:4). ¡Cada imagen ilustra un aspecto del mismo Dios!

Entonces, ¿por qué es importante reflexionar sobre cómo vemos a Dios? Porque esto afecta directamente nuestra manera de relacionarnos con Él. A veces pensamos que es difícil conocerlo, y entonces ni siquiera lo intentamos. ¡No caigas en esa trampa!

Es cierto que si estás jugando en un parque es probable que te sientas más cómodo con una persona de tu misma edad antes que con un anciano desconocido de barba larga, pero, ¿te imaginas a Dios con el perfil de un preadolescente? ¿Jugando los juegos que te gustan? ¿Haciendo las coreografías que te divierten? ¿Subiendo contenido a las redes sociales? Dios creó los cielos y la tierra... pero recuerda que Él también inspiró la creatividad para que existan los *skates*, internet y tu grupo de música favorito. Piensa en Dios como alguien que conoce absolutamente todo sobre ti, que es experto en aquello que te gusta y con quien puedes compartir tiempo. ¡A Él le importa todo lo que a ti te interesa!

Ser consciente de tu conexión con Dios es lo más emocionante que puedes experimentar. Si Dios te parece aburrido, distante o demasiado ocupado en temas "de adultos", ¡estás mirando su foto de perfil equivocada!

- *Pregúntate: la forma en que ves a Dios, ¿ayuda a que te conectes con Él o, por el contrario, es un obstáculo para eso?*

- *Toma un papel o tu tableta y crea una «foto de perfil» de Dios. Puedes hacerlo dibujando, haciendo un collage, o como más te guste. También puedes diseñarla en tu teléfono con imágenes y palabras inspiradoras. ¡Ponlo de fondo de pantalla o en un lugar visible para recordarlo!*

UNLIMITED WI-FI

GET THE PASSWORD AND ENJOY AN ETERNAL CONNECTION!

What do the water we drink, steam, and ice have in common? Everything! In fact, they are the same substance in different states (liquid, gas, and solid). In the same way, God, who is One, chose to show Himself to us through the relationship of three persons: Father, Son, and Holy Spirit. The difference is that water cannot be in all three states at the same time. When it is in the liquid state, it is not in the gaseous state. When it is in the solid state, it cannot be in the liquid state simultaneously, but God is Father, Son, and Holy Spirit at the same time!

Let's get to know these three persons a little better:

- **God the Father:** In the Old Testament He is called Jehovah or Yahweh and is recognized as the Creator of all things and the one who cares for them. *"The Lord is like a father to his children, tender and compassionate to those who fear him"* (Psalm 103:13).

- **God the Son:** In the Bible He is referred to by different names such as "Lamb," "Son of Man," "Messiah," and a more difficult one: "the Word made flesh" (which simply means that God, through Jesus, showed Himself in a person of flesh and blood who walked on the same Earth as we do). His life and teachings are told in the Gospels (Matthew, Mark, Luke, and John), but we can find "clues" about His coming throughout the Old Testament. Why? Because God wanted to show the Jewish people the fulfillment of the promise: His reconciliation with the people. This reconciliation took place through Jesus's death on the cross.

- **God the Spirit:** When Jesus was about to die, His friends were very sad. However, He told them that God would still be with them: *"But when the Father send*

> ## TU FORMA DE VER A DIOS INFLUYE EN LA FORMA EN LA QUE TE RELACIONAS CON ÉL.

WI-FI ILIMITADO

¡CONSIGUE LA CONTRASEÑA Y DISFRUTA DE UNA CONEXIÓN ETERNA!

¿Qué tienen en común el agua que tomamos, el vapor y el hielo? ¡Todo! De hecho, es la misma sustancia en diferentes estados (líquido, gaseoso o sólido). De la misma forma, Dios, quien es Uno, eligió mostrarse a nosotros a través de la relación entre tres personas: Padre, Hijo y Espíritu Santo. La diferencia es que el agua no puede estar en los tres estados al mismo tiempo. Cuando está en estado líquido, no está en estado gaseoso. Cuando está en estado sólido, no puede estar simultáneamente en estado líquido. ¡Pero Dios sí es al mismo tiempo Padre, Hijo y Espíritu Santo!

Vamos a conocer un poco mejor a estas tres personas:

- **Dios Padre:** En el Antiguo Testamento se lo llama Jehová o Yahveh, y se lo reconoce como el Creador de *todas* las cosas y quien cuida de ellas. *"El Señor es para nosotros como un padre, compasivo para con los que le temen"* (Salmos 103:13).

- **Dios Hijo:** En la Biblia se hace referencia a Él con distintos nombres tales como "Cordero", "Hijo del hombre", "Mesías", y una más difícil: "el Verbo hecho carne" (que simplemente quiere decir que Dios, a través de Jesús, se mostró en una persona de carne y hueso que caminó en la misma Tierra que nosotros). Su vida y sus enseñanzas están relatadas en los

*the Advocate as my representative—that is, the Holy
Spirit—he will teach you everything and will remind you
of everything that I have told you*" (John 14:26).

A clarification: Jesus is also often referred to as "Jesus Christ." They refer to the same person but from two different approaches. In the Old Testament, the Jewish people were waiting for the "Messiah" because God had promised them that He was going to send a "chosen one" especially to be their King. This one they called "the Christ." It was like the name of the position, or the role of the one who was to come. So, the person of Jesus fulfilled the role of being "the Christ." (Although many Jews did not recognize Him, because they expected a king in the style of a governor or president, someone who would free them from the political power of the different peoples who subjugated them, such as the Egyptians or the Romans. However, God sent someone to set people free in a very different way. To them and to us, Jesus came to free us from the slavery of sin and death! What good news!)

Today, that same Christ is the one who rules your being and dwells in you if you invite Him to be your King: *"Then Christ will make his home in your hearts as you trust in him. Your roots will grow down into God's love and keep you strong"* (Ephesians 3:17). God is not distant or playing hide-and-seek with you; Christ wants to live in you and wants His influence to grow in your life so that you can express Him to everyone!

Translating all this into preteen language, we could think of God as a huge Wi-Fi network that you can access with a password. Can you guess what it is? Yes, J-E-S-U-S! Through Him you can receive the signal (His Spirit) that will allow you to stay connected to God. And once you keep this connection (keeping the life of Christ in you) you become a hotspot. That is, a new access point to share God with those around you.

evangelios (Mateo, Marcos, Lucas y Juan), pero podemos encontrar "pistas" acerca de su venida a lo largo de todo el Antiguo Testamento. ¿Por qué? Porque Dios quería mostrarle al pueblo judío el cumplimiento de la promesa: su reconciliación con las personas. Esta reconciliación tuvo lugar por medio de la muerte de Jesús en la cruz.

• **Dios Espíritu:** Cuando Jesús estaba próximo a morir, sus amigos estaban muy tristes. Sin embargo, Él les dijo que Dios seguiría con ellos: *"Pero el Consolador, el Espíritu Santo, vendrá en mi nombre porque el Padre lo enviará. Él les enseñará todas las cosas y les recordará todo lo que les he dicho"* (Juan 14:26).

Una aclaración: muchas veces también se lo conoce a Jesús como "Jesucristo". Son la misma persona pero desde dos enfoques diferentes. En el Antiguo Testamento, el pueblo judío estaba esperando al "Mesías", porque Dios les había prometido que iba a enviar a un "escogido" especialmente para ser su Rey. A este lo llamaban "el Cristo". Era como el nombre del puesto, o el rol de quien iba a venir. Entonces, la persona de Jesús cumplió el rol de ser "el Cristo" (aunque muchos judíos no lo reconocieron, porque ellos esperaban un Rey del estilo de un gobernador o presidente, alguien que los liberara del poder político de los diferentes pueblos que los sometían, como los egipcios o los romanos. Sin embargo, Dios a envió a alguien para hacer a las personas libres de una forma muy diferente. ¡A ellos y a nosotros, Jesús vino a librarnos de la esclavitud del pecado y de la muerte! ¡Qué buena noticia!)

En la actualidad, ese mismo Cristo es quien gobierna tu ser y habita en ti si lo invitas a ser tu Rey: *"Pido también que, por medio de la fe, Cristo habite en sus corazones, y que ustedes echen raíces y se cimienten en el amor"* (Efesios 3:17). Dios no está alejado ni jugando a las escondidas contigo. ¡Cristo

Watch the movie The Shack based on the novel by William Paul Young. Pay attention to how it reflects each person of God and the beautiful relationship between them.

GOD WANTS TO STAY ETERNALLY CONNECTED TO YOU AND CONNECT WITH OTHERS THROUGH YOU.

ZOOM

WHEN YOU ZOOM IN, YOU DISCOVER THE BIG IN THE SMALL. IT TRANSFORMS THE WAY YOU LOOK AT LIFE!

God makes huge things. He created planets, elephants that weigh tons, and that giant zit that popped out in the middle of your forehead a while back. Truly, He knows about big things! Jesus also did big miracles when He was on this Earth. For example:

- He healed the sick and raised the dead (Matthew 20:29–34; John 11:38–44).

- He controlled nature (Matthew 8:23–27)

- He delivered people who were possessed by demons (Mark 5:1–20)

In addition, God does many other amazing things.

He is EVERYWHERE. God is with you now wherever you are. He's also in the home of each of your family members, in the Sahara Desert, with the animals in the jungle, and next to your favorite artists as they take selfies with their fans. God can be thousands of feet underground, where the magma in the core of our planet bubbles, and on the moon at the same time!

He knows ALL things. God knows every detail of what has happened in the world since its creation. He knows the guy

quiere vivir en ti y desea crecer en tu vida para que puedas expresarlo a todos!

Traduciendo todo esto a lenguaje preadolescente, podríamos pensar en Dios como una enorme red de Wi-fi a la que se tiene acceso con una contraseña. ¿Puedes adivinar cuál es? ¡Sí, J-E-S-Ú-S! A través de Él puedes recibir la señal (su Espíritu) que te permitirá mantenerte conectado con Dios. Y una vez que guardas esta conexión (guardando la vida de Cristo en ti) te conviertes en un hotspot. Es decir, en un nuevo punto de acceso para compartir a Dios con quienes te rodean.

Mira la película 'La Cabaña' (The Shack) basada en la novela de William Paul Young. Presta atención a cómo refleja cada una de las tres personas de Dios y la hermosa relación entre ellas.

💬 **DIOS QUIERE MANTENERSE ETERNAMENTE CONECTADO CONTIGO Y CONECTARSE CON OTROS A TRAVÉS DE TI.**

ZOOM

AL HACER ZOOM, DESCUBRES LO GRANDE EN LO PEQUEÑO. ¡TRANSFORMA TU MODO DE VER LA VIDA!

Dios hace cosas enormes. Él creó los planetas, los elefantes que pesan toneladas y ese grano gigante que te salió en la mitad de la frente hace un tiempo atrás. Realmente, ¡Él sabe de cosas grandes! Jesús también hizo grandes milagros cuando estuvo en esta tierra. Por ejemplo:

- Sanó enfermos y resucitó muertos. (Mateo 20:29-34; Juan 11:38-44)
- Controló la naturaleza. (Mateo 8:23-27)

whom your friend is in love with (even if she doesn't tell anyone), He knows all your talents (even those you haven't discovered yet), and He knows what things scare you and what things worry you. He knows so much that He could win every level of every game ever created. He understands every subject in school, and He has the knowledge to play any musical instrument like an expert if He wanted to.

He can do ALL things. God can control the weather, climate, and nature. He can invent things out of nothing and design the most unique flowers and animals. And He can also create wonderfully gifted people (like you!) and give them creativity to do fabulous things.

The word "supernatural" refers to that which is beyond the ordinary. We usually see God there, in the supernatural, and we are amazed by that. But today we want to invite you to zoom in and take a closer look at the little things. **Spiritual life is not limited to things that are flashy but grows in simplicity. God chose to show himself to people through the enormous, but also through the simple.**

Look at the example of Jesus. He could have been born in a great castle, but He chose to be born in a humble manger. He could have had a Formula 1 camel, but He chose a donkey. He could have rubbed shoulders with the rich and powerful of the time, but instead He was friends with the poor and marginalized ... and even washed their feet. God's greatest greatness was shown in the most ordinary things done with supernatural love! That's what's special.

Can you recognize the enormity of God's love in little "everyday miracles"? We could call this "spiritualizing normal moments." Here are some examples:

- When your belly hurts from laughing so hard.
- When you taste the first bite of that snack you love so much.

△

- Liberó a personas que estaban siendo perturbadas por demonios. (Marcos 5:1-20)

Además, Dios hace muchas otras cosas sorprendentes. Piensa en esto:

Él está en TODAS partes. Dios está contigo ahora donde sea que estés. También está en la casa de cada uno de tus familiares, en el desierto del Sahara, con los animales en la selva, y junto a tu artista favorito mientras se toma *selfies* con sus *fans*. ¡Dios puede estar a miles de metros bajo tierra, donde el magma del núcleo de nuestro planeta burbujea, y en la Luna a la vez!

Él sabe TODAS las cosas. Dios conoce cada detalle de lo que pasó en el mundo desde su creación. Conoce quién es el chico del que está enamorado tu amiga (aunque ella no se lo cuente a nadie), conoce todos tus talentos (incluso aquellos que tú aún no descubriste) y sabe qué cosas te dan miedo y qué cosas te preocupan. Él sabe tanto que podría pasar todos los niveles de todos los juegos creados. Entiende todas las materias del colegio, y tiene el conocimiento como para poder, si quisiera, tocar como un experto cualquier instrumento musical.

Él puede hacer TODAS las cosas. Dios puede controlar el tiempo, el clima y la naturaleza. Puede inventar cosas de la nada, y diseñar flores y animales de lo más variados. Y también puede crear personas con dones maravillosos (¡como tú!) y darles creatividad para que hagan cosas fabulosas.

La palabra "sobrenatural" se refiere a aquello que está más allá de lo natural. Generalmente vemos a Dios ahí, en lo sobrenatural, y nos sorprendemos por eso… Pero hoy queremos invitarte a hacer zoom y a mirar con atención las cosas pequeñas. **La vida espiritual no se limita a lo llamativo, sino que crece en la sencillez. Dios eligió mostrarse a las personas a través de lo enorme, pero también a través de lo simple.**

- In the calm you feel after crying your heart out.
- In that friend who includes you when you think you don't belong, and no one notices you.

Can you think of other examples? Take a sheet or your tablet and write them down.

As you may have noticed, it's not just about seeing God in huge events, or in spectacular situations, but about learning to recognize the God who loves you every day of your life, and who takes care of even the smallest details. When you get used to zooming in and recognizing Him in the little things, your faith will expand because you will feel like shouting, "Thank You, God, for loving me like this!"

SEEING GOD IN THE LITTLE THINGS LETS YOU EXPERIENCE FAITH IN THE BIG THINGS.

Fíjate en el ejemplo de Jesús. Él podría haber nacido en un gran castillo, pero eligió nacer en un humilde pesebre. Podría haber tenido un camello *Fórmula 1*, pero eligió un burrito. Podría haberse codeado con los ricos y poderosos de la época, pero en cambio se hizo amigo de los pobres y marginados... y hasta les lavó los pies. ¡La mayor grandeza de Dios se mostró en las cosas más normales hechas con un amor sobrenatural! Ahí está lo especial.

¿Puedes reconocer lo enorme del amor de Dios en los pequeños "milagros de todos los días"? Podríamos llamarle a esto "espiritualizar momentos" ... Aquí van algunos ejemplos:

• Cuando te duele la panza de tanto reírte.

• Al saborear el primer mordisco de ese bocadillo que tanto te gusta.

• En la calma que sientes después de haber llorado hasta quedarte sin fuerzas.

• En ese amigo que te incluye cuando crees que no perteneces al grupo y que nadie se fija en ti.

¿Te animas a pensar en otros ejemplos más? Toma un papel o tu tableta y anótalos.

Como te habrás dado cuenta, no se trata solo de ver a Dios en enormes eventos, o en situaciones espectaculares, sino de aprender a reconocer a un Dios que te ama cada día de tu vida y que se ocupa hasta de los detalles más mínimos. Cuando te acostumbres a hacer zoom y a reconocerlo en las pequeñas cosas, tu fe se expandirá porque tendrás ganas de gritar: "¡Gracias Dios por amarme así!"

VER A DIOS EN LO PEQUEÑO TE PERMITE EXPERIMENTAR LA FE A LO GRANDE.

CHAPTER 2

CONNECT WITH GOD

As a preteen, you love to be connected! And there's a crisis that I am sure you have experienced at least once: running out of battery on your cell phone. Nooo! To top it off, it always happens in the best part of the movie you're watching, or when you're about to win the game, or in the best part of a chat. Then comes the desperation to find a charger for your phone. When you're connected you can enjoy without worries!

Jesus said (in John 15:5 "tween version" ... let's use our imagination!): "I'm going to tell you a truth that will transform the way you connect with God completely. I am electricity and you are cell phones. Those who stay plugged in to me as I am to them, charge their battery 100% and open many, many applications. But if you don't connect with me, after a while you won't be able to do anything."

Don't worry, you're probably more connected than you think! Let's find out how.

I try to connect with God

CAPÍTULO 2

CONECTA CON DIOS

Como preadolescente, ¡amas estar conectado! Y hay una tragedia que seguramente viviste alguna vez: quedarte sin batería en el celular. ¡Nooo! Para colmo, siempre pasa en la mejor parte de la película que estás viendo, o cuando estás por ganar el juego, o en la mejor parte de una charla... Entonces surge la desesperación por encontrar un cargador para tu teléfono... ¡Cuando estás conectado puedes disfrutar sin preocupaciones!

Jesús dijo (en Juan 15:5 "versión preadolescente"... ¡usemos la imaginación!): "Les voy a decir una verdad que va a transformar su forma de conectar con Dios por completo. Yo soy la electricidad y ustedes los celulares. Los que permanecen enchufados a mí como yo a ellos, cargan al 100% su batería y abren muchísimas aplicaciones. Pero si no se conectan conmigo, después de un tiempo no podrán hacer nada".

¿Qué haces?

No te preocupes. ¡Seguro estás más conectado de lo que crees! Vamos a descubrir cómo...

TAILOR-MADE

IF YOU'VE EVER WONDERED, "WHY DO OTHERS CONNECT WITH GOD AND I DON'T?" THIS IS FOR YOU.

What's the difference between the "Mona Lisa" (Leonardo Da Vinci's very famous painting) and a cereal box? Well, there are several. On the cereal box we can see a barcode that identifies it. In a supermarket there could be a hundred of that same box, all exactly the same, and all with the same code marking their price so that you can pay for them at the cash register. Now, would it be possible for them to stamp a barcode on the most famous work of art in history? Of course not; how crazy! In fact, the "Mona Lisa" is in a museum protected by guards, railings, and armored glass so that no one can ruin it. It is unique, there is no other like it, and its value is extremely high, so much so that it cannot be compared to any other painting!

Well, here comes the good news: God didn't put a barcode on you (you can check if you want!). You are not just one of the bunch. In fact, the Bible speaks of you as His masterpiece: *"For we are God's masterpiece. He has created us anew in Christ Jesus, so we can do the good things he planned for us long ago"* (Ephesians 2:10 NLT).

And just as God made you unique, so is the way you relate to Him. The relationship you build with God is handcrafted; there is no other like it! Why are we telling you this? Because you could make the mistake of comparing your way of experiencing faith with other people's. This sometimes causes preteens to believe that there are certain religious practices that are "more spiritual" than others, such as:

- Praying in public.
- Using old translations of the Bible that are full of strange words.

△

HECHO A MEDIDA

SI TE HAS PREGUNTADO ALGUNA VEZ: "¿POR QUÉ LOS DEMÁS SE CONECTAN CON DIOS Y YO NO?", ESTO ES PARA TI.

¿Cuál es la diferencia entre "La Mona Lisa" (la famosísima pintura de Leonardo Da Vinci) y una caja de cereal? Bueno, definitivamente hay varias... En la caja de cereal podemos ver un código de barras que la identifica. En un supermercado hay cientos de ellas, todas exactamente iguales, y todas con el mismo código marcando su precio para que luego puedas pagarlas en la caja registradora. Ahora bien, ¿sería posible que le estampen un código de barras encima a la obra de arte más famosa en la historia? ¡Claro que no! ¡Qué locura! De hecho, La Mona Lisa está en un museo protegida por guardias, barandas y vidrios blindados para que nadie pueda arruinarla. ¡Es única, no hay otra como ella, y su valor es altísimo, tanto que no se compara a ningún otro cuadro!

Pues aquí vienen las buenas noticias: Dios no te puso un código de barras (¡chequéalo si quieres!). No eres uno más del montón. De hecho, la Biblia habla de ti como su obra maestra (*"Pues somos la obra maestra de Dios. Él nos creó de nuevo en Cristo Jesús, a fin de que hagamos las cosas buenas que preparó para nosotros tiempo atrás"*, Efesios 2:10, NTV).

Y así como Dios te hizo único, tu forma de relacionarte con Él también lo es. La relación que cada uno construye con Dios es artesanal, ¡no hay otra igual! ¿Por qué te estamos diciendo esto? Porque podrías cometer el error de comparar tu forma de experimentar la fe con la de otras personas... Esto hace que a veces los preadolescentes crean que existen ciertas prácticas religiosas que son 'más espirituales' que otras, como por ejemplo:

- Orar con un micrófono.

- Singing with your eyes closed and raising your hands toward heaven.
- Having a job at your Church and being part of the worship team.

None of these are wrong. The problem is when, if you don't feel comfortable with something on the above list, you stop considering yourself spiritual and think that faith is not for you. Where does that confusion come from? Usually because these are religious practices that adults, or people you admire, tend to use. Stop comparing yourself to others! **God wants you to find your unique way to connect with Him.** Nothing "generic". Nothing "barcoded". Something handcrafted, made just for you.

In the Bible we find the story of King David, a great musician and composer who related to God in his own unique way. In fact, much of the book of Psalms is the result of his connection with God through song. In Psalm 33:1–2 we read: *"Let the godly sing for joy to the Lord; it is fitting for the pure to praise him. Praise the Lord with melodies on the lyre; make music for him on the ten-stringed harp."* Does that mean that we all have to learn to play the harp to connect with God? Of course not! This is a great example of how ridiculous it is to compare ourselves with others.

Worship is about expressing your connection with God. It doesn't depend on the "method" you choose to do it, but on your attitude when you do it. The possibilities are endless: reflecting in silence or singing loudly. Dancing like crazy alone in your room or with all your friends. Collecting money for the needy, creating art in the wee hours of the morning, or making breakfast for your younger siblings. **You connect with God when you are aware of His love and express it to others in your own unique and special way!**

Remember: your way of experiencing faith is personal. There are no "better" or "worse" ways, only different ones.

- Utilizar traducciones antiguas de la Biblia llenas de palabras raras.

- Cantar con los ojos cerrados y levantando las manos en dirección al cielo.

- Tener un cargo en la iglesia local y ser parte del equipo de servicio.

Nada de esto está mal... El problema surge cuando, si no te sientes cómodo con algo de la lista anterior, dejas de considerarte alguien espiritual y piensas que la fe no es para ti. ¿Por qué se produce esta confusión? Generalmente porque son formas que suelen utilizar los adultos, o personas a las que tú admiras. ¡Deja de compararte con otros! **Dios quiere que encuentres tu única y singular manera de conectarte con Él.** Nada "genérico". Nada con "código de barras". Algo artesanal, hecho justo a tu medida.

En la Biblia encontramos la historia del Rey David, un gran músico y compositor que se relacionó con Dios a su manera. De hecho, gran parte del libro de los Salmos es el resultado de su conexión con Dios a través de las canciones. En el Salmo 33:1-2 leemos: *"Canten al Señor con alegría, ustedes los justos; es propio de los íntegros alabar al Señor. Alaben al Señor al son de la lira, entonen alabanzas con el arpa".* ¿Acaso eso quiere decir que todos debemos aprender a tocar el arpa para conectarnos con Dios? ¡Claro que no! Con este ejemplo, puedes darte cuenta de lo ridículo que es compararse con los demás.

La adoración tiene que ver con expresar tu conexión con Dios. No depende del "método" que elijas para hacerlo, sino de tu actitud cuando lo hagas. Las posibilidades son infinitas: reflexionando en silencio, o cantando a los gritos. Bailando como loco a solas en tu habitación, o moviéndote con todos tus amigos. Haciendo una colecta para los necesitados, creando arte de madrugada, o preparando el desayuno para tus hermanos menores en la mañana. **¡Conectas con Dios cuando**

The question to ask yourself is: *Does your way of connecting with God help you grow spiritually? Does it lead you to love God more? Does it drive you to love people more?* If so, then it works!

> ## YOU ARE UNIQUE. CONNECT WITH GOD IN YOUR OWN WAY!

GET TO KNOW THE BIBLE

DO YOU FIND IT DIFFICULT OR BORING TO READ THE BIBLE? FOLLOW THESE TIPS AND DISCOVER IT AGAIN!

I remember, when I (Nash) was a preteen, that I saw the Bible as a huge book with very small letters that only adults understood, without pictures, and with words that I could barely pronounce. Has this happened to you? Well, it's time to give the Bible another chance! In my case, praying and following these tips that I am going to share with you helped me have a breakthrough to discovering it. And not only did I become passionate about what God taught me through it, but the Word of God boosted my faith in a tremendous way. I invite you to have your own experience!

Here are some tips:

Find out which translation of the Bible you are most comfortable with. The Bible was originally written in Hebrew, Greek, and Aramaic. It was later translated into almost every language in the world. However, the way we talk changes over time, so at different times very similar things can be said with very different words. (Or very different things with very similar words.) Comparing the different translations of the Bible will allow you to choose the one that is most understandable to you.

eres consciente de su amor y lo expresas a los demás en tu manera única y especial!

Recuerda: tu forma de experimentar la fe es personal. No hay formas "mejores" o "peores", sino solo diferentes. La pregunta que debes hacerte es: *Tu manera de conectarte con Dios, ¿te ayuda a crecer espiritualmente? ¿Te lleva a amar más a Dios? ¿Te impulsa a amar más a las personas?* Si es así, ¡entonces funciona!

💬 ERES ÚNICO. ¡CONECTA CON DIOS A TU MANERA!

AMÍGATE CON LA BIBLIA

¿TE RESULTA DIFÍCIL O ABURRIDO LEER LA BIBLIA? ¡SIGUE ESTOS CONSEJOS Y DESCÚBRELA OTRA VEZ!

Recuerdo que en mi preadolescencia (habla Nash) veía a la Biblia como un enorme libro con letras muy chiquititas que solo entendían los adultos, sin dibujos y con palabras que apenas podía pronunciar. ¿Te ha pasado? ¡Pues hoy es el día en que puedes darle otra oportunidad! En mi caso personal, orar y seguir estos consejos que voy a compartirte me ayudó a romper el hielo para descubrirla... Y no solo me apasioné por lo que Dios me enseñó a través de ella, sino que la Palabra de Dios impulsó mi fe de una manera tremenda. ¡Te invito a vivir tu propia experiencia!

Aquí van algunos consejos:

Descubre con qué traducción de la Biblia te sientes más cómodo. La Biblia fue originalmente escrita en hebreo, griego y arameo. Más tarde fue traducida a casi todos los idiomas del mundo. Sin embargo, las formas de hablar cambian con

Learn whether you are reading the Old Testament or the New Testament. The Bible is divided into these two major parts. The first was written before the birth of Jesus and mainly tells the story of God and His relationship with the Jewish people. The second begins with the birth of Jesus and narrates His life on Earth and the story of the first Christians. Figuring out the time in history when what you are reading was written will help you understand it better.

Understand the style of the book you are reading. The Bible is a library! If you look at its index, you will notice that it is composed of 66 books of different literary genres, such as poetry (Proverbs, Psalms), historical accounts (1 and 2 Samuel, Esther), or letters to a community (Ephesians, Galatians). You can start by reading the style that suits you best!

Discover the meaning of verses by reading before and after them. Each book was written from beginning to end as a single unit. Over time, the text was numbered in fragments (chapters and verses) in order to be able to find them better. However, these markings were not in the original writings. If you isolate a portion of the text without considering what the author meant when he wrote it, you will miss its real meaning.

Research the culture of the time. While the Bible contains divine and spiritual principles, it was written in a specific time and geographical location. So the biblical texts reflect the culture of the Jews, Greeks, and Romans of almost two thousand years ago. That's why the Bible contains names that seem strange to you! The lifestyle of the men and women of that time was very different from ours. Knowing their customs and traditions will help you better understand what you read.

Ask yourself many questions and start conversations with others. What does what you are reading mean? What is the spiritual principle you can discover there? How would you apply it to your daily life? How does it influence your relationship

el tiempo, por lo que en diferentes épocas se pueden decir cosas muy parecidas con palabras muy diferentes (o cosas muy diferentes con palabras muy parecidas.) Comparar las distintas traducciones de la Biblia te permitirá escoger la que sea más comprensible para ti.

Distingue si estás leyendo el Antiguo o el Nuevo Testamento. La Biblia se divide en estas dos grandes partes. La primera fue escrita antes del nacimiento de Jesús y narra principalmente la historia entre Dios y el pueblo judío. La segunda comienza con el nacimiento de Jesús y narra su vida en la Tierra y la historia de los primeros cristianos. Ubicar en qué momento de la historia fue escrito lo que estás leyendo te ayudará a entenderlo mejor.

Comprende el estilo del libro que estás leyendo. ¡La Biblia es toda una biblioteca! Si miras su índice, notarás que está compuesta por sesenta y seis libros de diferentes géneros literarios, tales como poesía (Proverbios, Salmos), relatos históricos (1 y 2 Samuel, Ester) o cartas a una comunidad (Efesios, Gálatas). ¡Puedes comenzar leyendo el estilo que más te agrade!

Descubre el sentido de los versículos leyendo antes y después de ellos. Cada libro fue escrito de principio a fin como una sola unidad. Con el tiempo, el texto se organizó en fragmentos numerados (capítulos y versículos) para poder encontrarlos mejor. Sin embargo, estas señalizaciones no estaban en los escritos originales. Si aíslas una porción del texto sin tener en cuenta qué es lo que estaba queriendo decir el autor cuando lo escribió, te perderás su significado original (y real).

Investiga sobre la cultura de la época. Si bien la Biblia contiene principios divinos y espirituales, fue redactada en un tiempo y lugar geográfico específicos. De esta manera, los textos bíblicos reflejan la cultura de los judíos, griegos y romanos de hace más de dos mil años. ¡Por eso contiene

with God, with others, and with yourself? What other writings can you relate it to? Reflect, discuss, and talk about it with your family, friends, and leaders. Get to know different points of view and be encouraged to express your own!

Seek audiovisual support. Perhaps, like many tweens, you prefer images or videos to written text. That's great! On the Internet, in addition to finding devotionals that go deeper into a particular biblical text, you can find series, movies, and videos about the Bible. We recommend one of our favorite sites: https://bibleproject.com.

Use your imagination. Imagine what the characters of the biblical text looked like. Put yourself in their shoes (or sandals) to imagine a movie scene about what you are reading to better understand their feelings. A very useful exercise is to re-create what you are reading with elements from your own culture, thinking about what the situation would be like today. For example, what text messages would the disciples have exchanged with each other after Jesus's resurrection? Have fun!

BECOME FRIENDS WITH THE BIBLE AND TURN IT INTO AN INSTRUMENT TO GROW IN FAITH.

ONLINE

HOW LONG DO YOU THINK THE WORLD'S LONGEST CHAT HAS LASTED?

You're super excited to tell your friends about something cool that happened to you. You send a few audios describing the whole situation and ... nothing. You find a hilarious meme, send it to your brother and ... nothing. You feel bored, and you

nombres que te resultan raros! El estilo de vida de los hombres y mujeres de aquella época era muy diferente al nuestro. Conocer sus costumbres y tradiciones te ayudará a comprender mejor lo que lees.

Hazte muchas preguntas e inicia conversaciones con otros. ¿Qué quiere decir lo que estás leyendo? ¿Cuál es el principio espiritual que puedes descubrir allí? ¿Cómo lo aplicarías a tu vida cotidiana? ¿Cómo influye en tu relación con Dios, con los demás y contigo mismo? ¿Con qué otros escritos lo puedes relacionar? Reflexiona, debate y charla al respecto con tu familia, con tus amigos y líderes. Conoce distintos puntos de vista, ¡y anímate a expresar el tuyo!

Busca apoyo audiovisual. Tal vez, como muchos preadolescentes, tú prefieras las imágenes o los videos antes que el texto escrito. ¡Eso es genial! En Internet, además de encontrar devocionales donde se profundiza sobre algún texto bíblico en particular, puedes encontrar series, películas y videos sobre la Biblia. Te recomendamos una de nuestras páginas favoritas en español: https://bibleproject.com/spanish/.

Usa la imaginación. Representa en tu mente cómo se verían los protagonistas del texto bíblico. Ponte en sus zapatos (o en sus sandalias) para imaginar una escena de película sobre lo que estás leyendo y así lograr comprender mejor sus sentimientos. Un ejercicio muy útil es recrear lo que lees con elementos de tu propia cultura, pensando cómo sería esa situación en la actualidad. Por ejemplo, ¿qué mensajes de texto hubieran intercambiado entre sí los discípulos luego de la resurrección de Jesús? ¡Diviértete!

AMÍGATE CON LA BIBLIA Y CONVIÉRTELA EN UN INSTRUMENTO PARA CRECER EN LA FE

write to your best friend to see if she feels like having a video call and ... nothing. You've been "ghosted"!

Have you ever felt that God does something similar with you? Maybe you asked Him something specific or asked Him for something that was very important to you, and you just ... felt like nothing happened.

For me (Nash), it has happened several times! I remember at those times feeling frustrated, a little angry, and worried: What if God doesn't exist? What if what I'm doing doesn't make sense? Eventually, I discovered that God loves me so much that He would never "leave me unread." The obstacle didn't exist but I misunderstood the true meaning of prayer. Whenever I said that I didn't know how to pray, or that I was embarrassed to pray in public, I was always told that "praying was talking to God, and that I could do it in my own words." However, inside me, I felt that I had to use formal language, and think carefully about every word so that I didn't make a mistake because I was afraid of making a fool of myself. Until one day, while praying in a group of preteens, one of the girls started saying, "Hey God, how are You doing?" My head exploded! Of course! If that's how I start all my conversations, why not do it with God too?

Praying is also listening to God. Perhaps because of cultural influence, we tend to think that God speaks from the clouds with a thick, powerful, masculine voice. But the truth is that God speaks in many ways, and He is so eager to connect with you that you just have to pay attention to the different ways He can speak to you: through your family and friends, with ideas that come "out of nowhere" in your head, through a song, or by reading a book (like this one, for example). You can also ask yourself what He wants to show you when you watch your favorite series or movie. **When you are connected to the Wi-Fi of the Holy Spirit, you can enjoy the privilege of receiving information from God all the time.**

EN LÍNEA

¿CUÁNTO CREES QUE HA DURADO EL CHAT MÁS LARGO DEL MUNDO?

Estás súper entusiasmado por contarles a tus amigos algo genial que te pasó. Mandas algunos audios describiendo toda la situación y... nada. Encuentras un meme graciosísimo, se lo envías a tu hermano y... nada. Te sientes aburrida, y escribes en la red social de tu mejor amiga para saber si tiene ganas de hacer una videollamada y... nada. ¡Te han "dejado en visto"!

¿Has sentido alguna vez que Dios haga algo parecido contigo? Tal vez le preguntaste algo específico, o le pediste algo que era muy importante para ti, y simplemente... sentiste que nada ocurrió.

A mí (habla Nash), ¡me ha pasado varias veces! Recuerdo que en esos momentos me sentí frustrada, algo enojada y llena de inquietudes: ¿y si Dios no existe? ¿Y si lo que estoy haciendo no tiene sentido? Con el tiempo, descubrí que Dios me ama tanto que jamás "me dejaría en visto". El obstáculo no estaba allí, sino en mi forma de comprender el verdadero significado de la oración. Siempre que decía que no sabía orar, o que me daba vergüenza hacerlo en público, recibía como respuesta que "orar es hablar con Dios, y puedes hacerlo con tus propias palabras...". Sin embargo, dentro de mí, yo sentía que debía usar un lenguaje formal, y pensar bien cada palabra para no equivocarme por miedo a hacer el ridículo. Hasta que un día, orando en un grupo de preadolescentes, una de las chicas empezó diciendo: "Hola Dios, ¿cómo andas?" ¡Mi cabeza estalló! ¡Claro! Si así comienzo todas mis conversaciones, ¿por qué no hacerlo también así con Dios?

Orar también es escuchar a Dios. Tal vez por influencia cultural solemos pensar que Dios habla desde las nubes con una voz masculina, gruesa y poderosa. Pero lo cierto es que Dios

Now then, there is one thing that makes me (this is still Nash) very nervous when meeting new people, and that is not knowing what to say. My mind goes blank and then the worst part begins. That awkward silence that seems to last forever. At that moment I feel far away from the other person, and I want to run even farther away! On the contrary, you know when I feel really good? When I can spend a quiet evening with friends. Sometimes everyone is minding their own business and for a while no one talks, but it's a different kind of silence, full of trust. We feel so good together that words are not even necessary, because even in silence we enjoy each other's company!

To pray is also to remember that God is with you. There is a story in the Bible where we see Elisha during a terrible depression wanting to listen to God (1 Kings 19:11–13). There was a strong wind, then an earthquake, then fire, but God was not there. Finally, Elijah heard a soft, gentle whisper, and then he met God. Believing that the Lord is only in the noisy, in the flashy, or where other people see Him, can make us lose sight of where else we can find Him. Elijah heard God in the silence, and we want to invite you to do the same.

Just remember that He is online, available to you when you feel lonely (a nice idea is to place an empty chair next to you as a reminder that God is always with you) or when you feel afraid (you can squeeze your hand to remind yourself that He is holding yours). God started the conversation with the first person who existed on the planet and has not stopped. It is an infinite chat and His desire to connect with you has no limiting formats. Rest assured that He is always online in case you want to talk to Him and when you feel Him speaking to you, please don't leave His message "unread."

TO PRAY IS TO HAVE FAITH IN THE PERMANENT CONNECTION YOU HAVE WITH GOD.

△

habla de muchas formas, y Él tiene tantas ganas de conectarse contigo que solo debes estar atento a las diferentes maneras en que puede hablarte: a través de tu familia y amigos, con ideas que surgen "de la nada" en tu cabeza, por medio de una canción, o al leer un libro (como, por ejemplo, este). También puedes preguntarte qué quiere enseñarte cuando ves tu serie o película favorita. **Cuando estás conectado al Wi-fi del Espíritu Santo, puedes disfrutar el privilegio de recibir información de Dios permanentemente.**

Ahora bien (sigue hablando Nash), hay algo que me pone muy nerviosa al conocer gente nueva, y es no saber qué decir. Mi mente se pone en blanco y entonces empieza lo peor: ese silencio incómodo que parece que dura una eternidad. En ese momento me siento lejos de la otra persona ¡y quiero irme corriendo aún más lejos! Por el contrario, ¿sabes cuándo me siento realmente bien? Cuando puedo pasar una tarde tranquila con amigos. A veces cada uno está en su propio asunto y por un rato nadie habla, pero es un silencio diferente, lleno de confianza. ¡Nos sentimos tan bien juntos que ni las palabras hacen falta, porque incluso en silencio disfrutamos de nuestra compañía!

Orar también es recordar que Dios está contigo. Hay una historia en la Biblia en la que vemos a Elías en medio de una terrible depresión queriendo escuchar a Dios (1 Reyes 19:11-13). Hubo un fuerte viento, luego un terremoto y luego fuego, pero Dios no estaba allí. Finalmente, Elías oyó un susurro suave y apacible, y entonces se encontró con Dios. Creer que el Señor está solo en lo ruidoso, en lo llamativo o en donde lo ven otras personas, puede hacernos perder de vista en qué otros lugares podemos reconocerlo. Elías escuchó a Dios en el silencio, y queremos invitarte a que hagas lo mismo.

Simplemente recuerda que Él está en línea, disponible para ti cuando te sientas solo (una linda idea es colocar una silla vacía junto a ti recordando que Dios siempre te acompaña) o

GET OUT OF YOUR BUBBLE

SHOULD I ONLY CONSUME "CHRISTIAN" CONTENT? WHAT
DO I DO WITH THE OTHER THINGS I LIKE?

It's great to connect with God through an online devotional, with an app that teaches about the Bible, through some Christian influencer's social network, or through the music of a cool worship band. As a preteen, you spend a lot of your time on the Internet. There you can find content that will greatly inspire your faith. By following artists, preachers, or influencers, you will discover their life experiences and learn from them. Connecting with them adds to your spiritual life! However, what about the rest of the time, what do you do with the things that you like or are interested in that aren't "Christian"?

The first thing we must understand is that, just as God teaches us about the importance of keeping our physical body healthy by feeding it properly, when we entertain ourselves, we also "eat" through our eyes and ears. **Taking care of how you feed your body is just as important as paying attention to how you feed your mind. What you see and hear impacts the way you think and, therefore, the way you live.**

Would you eat something bad? Probably not, right? You know that if you do you will probably feel sick afterwards and, if you keep eating it, that feeling will get worse. Similarly, choices have consequences. You are free to look and listen to what you want, but you are responsible for what you choose to do. That is why it is important to think about the consequences before you act. The Bible says it very clearly: *"You say 'I am allowed to do anything'— but not everything is good for you. You say, 'I am allowed to do anything'—but not everything is beneficial"* (1 Corinthians 10:23).

That's why we want to give you some questions and examples to help you filter out what is not good for you, thinking about how

cuando sientas miedo (puedes apretar tu mano para recordar que Él está dándote la suya). Dios inició la conversación con la primera persona que existió en el planeta y no se ha detenido hasta hoy. Es un chat infinito y sus ganas de conectarse contigo no tienen formatos que lo limiten. Ten la certeza de que Él está en línea, siempre, por si quieres hablarle y cuando sientas que Él te habla, por favor, no le marques el visto.

💬 ORAR ES TENER FE EN LA CONEXIÓN PERMANENTE QUE TIENES CON DIOS.

SAL DE LA BURBUJA

¿SOLO DEBO CONSUMIR CONTENIDOS "CRISTIANOS"? ¿QUÉ HACER CON LAS DEMÁS COSAS QUE ME GUSTAN?

Es genial conectar con Dios a través de algún devocional online, con una aplicación que enseñe sobre la Biblia, mediante la red social de algún *influencer* cristiano, o gracias a la música del grupo *worship* de moda. Como preadolescente, pasas mucho de tu tiempo en internet. Allí puedes encontrar contenidos que inspirarán muchísimo tu fe. Al seguir a artistas, predicadores o creadores de contenido, descubrirás sus experiencias de vida y podrás aprender de ellas. ¡Conectar con ellos suma a tu vida espiritual! Sin embargo, ¿qué pasa el resto del tiempo? ¿Qué hacer con aquellas cosas que te gustan o te interesan pero que no son "cristianas"?

Lo primero que debemos entender es que, de la misma forma en que Dios nos enseña sobre la importancia de mantener saludable nuestro cuerpo físico alimentándolo correctamente, cuando nos entretenemos también "comemos" a través de nuestros ojos y oídos. **Cuidar cómo alimentas tu cuerpo es tan importante como prestar atención a cómo alimentas tu mente. Lo que ves u oyes impacta en tu forma de pensar y, por lo tanto, en tu forma de vivir.**

it affects you (in body, mind, and spirit) and others. What you see and hear ...

- *Does it harm your body? Comparing your body to other people's or computer-retouched images can make you feel bad about your appearance and watching content that encourages drug use or self-harm is a terrible idea.*

- *Does it hurt your mind? Avoid anything that makes you feel anxious or brings up ugly thoughts. And remember that if something hurts your self-esteem, your sexuality, or your emotions, it's not good for you.*

- *Does it hurt your relationships? Mistreatment, discrimination, and selfish relationships are everywhere, and this makes them seem "natural" ... don't get used to them!*

Now, if you decide to connect only with those things that specifically add to your spiritual life and disconnect from everything else, what about what's in between? **What about the stuff (on TV, the Internet, or wherever) that entertains you, things you wouldn't necessarily call "Christian" but don't have a negative message either?**

A common mistake is to be "on a diet" from anything that doesn't have the label "CHRISTIAN" on the package. You are a Christian, but music and other activities are not Christian in and of themselves (they have no faith or spiritual life). For example, God created the various artistic expressions and takes pleasure in that diversity. Locking yourself into "Christian" alone is impossible to accomplish. Moreover, trying to do so can isolate you culturally and disconnect you from the rest of the people God loves.

God's plan was never for you to live in a bubble with a "fear of being infected" by what society has to offer. He longs for you, guided by His Spirit, to make wise decisions about what is good for you and what is not, thinking ahead, and caring for your well-being and the well-being of others.

¿Comerías algo en mal estado? Probablemente no, ¿verdad? Tú sabes que si lo haces inevitablemente te sentirás enfermo después y, si lo sigues repitiendo, empeorarás. Del mismo modo, **las decisiones tienen consecuencias. Eres libre de mirar y oír lo que quieras, pero eres responsable de lo que elijas hacer. Por eso es clave pensar en las consecuencias antes de actuar.** La Biblia lo dice muy claramente: *"'Todo está permitido', pero no todo es provechoso. 'Todo está permitido', pero no todo es constructivo"* (1 Corintios 10:23, NVI).

Por eso es que queremos dejarte aquí algunas preguntas y ejemplos para ayudarte a filtrar lo que no te conviene, pensando en cómo te afecta a ti (en cuerpo, mente y espíritu) y a los demás. Lo que ves y escuchas...

- *¿Daña tu cuerpo? Comparar tu físico con el de otras personas o con imágenes retocadas en computadora puede hacerte sentir mal sobre tu apariencia, y ver material que incita a consumir drogas o a lastimarte a ti mismo es una terrible idea.*

- *¿Lastima tu mente? Evita lo que te hace sentir ansiedad o trae a tu cabeza pensamientos feos. Y recuerda que si algo daña tu autoestima, tu sexualidad o tus emociones, no es bueno para ti.*

- *¿Perjudica tus vínculos? Los maltratos, la discriminación y las relaciones egoístas están por todas partes y esto hace que parezcan "naturales"... ¡no te acostumbres a ellas!*

Ahora bien, si decides conectarte solo con aquellos contenidos que suman explícitamente a tu vida espiritual y desconectarte de todo lo demás, ¿qué pasa con lo que está entremedio? **¿Qué pasa con aquellos contenidos (en televisión, internet o donde sea) que te divierten, y a los que no categorizarías como "cristianos" pero tampoco tienen un mensaje negativo?**

Un error común es estar "a dieta" de todo lo que no tenga la etiqueta de "CRISTIANO" en el paquete. Tú eres cristiano, pero

BEING AWARE OF HOW YOU FEED YOUR MIND WILL NOURISH YOUR FAITH.

la música y otras actividades... no son cristianas en sí mismas (no tienen fe ni vida espiritual). Por ejemplo, Dios creó las distintas expresiones artísticas y se complace en esa diversidad. Encerrarte solo en "lo cristiano" es algo imposible de cumplir. Además, intentar hacerlo puede aislarte culturalmente y desconectarte del resto de las personas a quienes Dios ama.

El plan de Dios nunca fue que vivieras en una burbuja con "miedo a infectarte" por lo que la sociedad pueda ofrecer. Él anhela que tú, guiado por su Espíritu, tomes decisiones sabias sobre lo que te conviene y lo que no, pensando a futuro, y cuidando tu bienestar y el de los demás.

SER CONSCIENTE DE CÓMO ALIMENTAS TU MENTE NUTRIRÁ TU FE.

CHAPTER 3

RELEASE YOUR FAITH

If you read the Gospels, you will see that Jesus spent His time arguing with a group of people called "Pharisees." They knew all the facts about faith by heart, but they did nothing to put them into practice. So they limited their spiritual lives to obeying rules because they were afraid of being punished and believing that they had to "earn merit" to get God's approval. That made them feel very important among the people. But Jesus, who could see beyond appearances, knew they were empty inside.

More than two thousand years later, you too may be tempted to live your faith in a religious and limited way, memorizing rules and trying to follow them to the letter. But when you become aware of your connection to God, it will be love that drives you. Then the lies that hindered your faith will go away, and you will know the Truth.

Christ sets you free. Accept this gift, free your faith, and live fully!

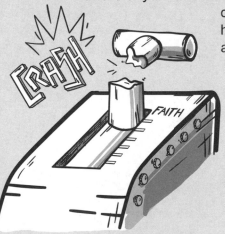

CAPÍTULO 3

LIBERA TU FE

Si lees los evangelios verás que Jesús se la pasaba discutiendo con un grupo de personas llamadas "fariseos". Ellos sabían de memoria toda la teoría sobre la fe, pero no hacían nada por llevarla a la práctica. De esa forma, limitaban sus vidas espirituales a obedecer reglas por temor a ser castigados, y también creían que debían "juntar méritos" para conseguir el visto bueno de Dios. Eso los hacía sentir muy importantes entre las personas. Pero Jesús, quien podía ver más allá de las apariencias, sabía que estaban vacíos por dentro.

Más de dos mil años después, tú también puedes estar tentado a vivir tu fe de forma religiosa y limitada, memorizando reglas y esforzándote por cumplirlas al pie de la letra. Sin embargo, cuando llegues a ser consciente de tu conexión con Dios, será el amor el que te impulse. Entonces las mentiras que obstaculizaban tu fe caerán y conocerás la Verdad.

Cristo te hace libre. Acepta este regalo, libera tu fe, ¡y vive plenamente!

FEARS

PUT ON BINOCULARS AND DISCOVER HOW TINY THE DEVIL LOOKS FROM THE CROSS!

I (Calo) love superhero movies! I love those amazing and brave beings who fight for a good cause, like saving the world, rescuing someone in danger, or preventing aliens from taking over the White House! They usually face other beings (also extraordinary, but a bit more deformed) with similar strengths but opposite intentions. Evil characters who want the destruction of the planet. Oh, no!

All of us, since we were kids, have heard stories of this kind, in which there are good guys and bad guys. The problem is when we automatically apply that same idea onto the spiritual. It is true that there is God and there is the devil. But sometimes it seems to us, as in the movies, that these two opposing forces (one representing all that is good, and its evil counterpart) have similar powers and are permanently fighting, head-to-head. Like in those superhero fights, it seems to us that at one moment God takes the upper hand, then the devil, then God again.... As if they are tied until only in the last five minutes of the film the story takes a turn, and the good guys win. When we watch a movie, we think, "Wow, that was close!" but if we compare it to our spiritual life, nothing could be further from the truth. The Bible teaches us that God has no beginning and no end (Psalm 90:2) and that He is the power that sustains all that exists (Romans 11:36). The devil, on the other hand, represents all that is evil and all that is outside of God's will, that is, the furthest thing from what the Lord wants. He is characterized as an angel full of pride who rebelled against God. In other words, as a creature that was not even the most important ... **How could we compare the strength of the two?**

Besides the fact that they are not at all equal, there is a danger here: this kind of thinking can lead you to blame the

LOS MIEDOS

¡PONTE BINOCULARES Y DESCUBRE LO DIMINUTO QUE SE VE EL DIABLO DESDE LA CRUZ!

¡Amo las películas de superhéroes! (Habla Calo). ¡Me encantan esos seres extraordinarios y valientes que luchan por una buena causa, como salvar el mundo, rescatar a alguna persona en peligro, o evitar que alienígenas se apoderen de la Casa Blanca! Usualmente suelen enfrentarse a otros seres (también extraordinarios, pero un poco más deformes) con fuerzas similares pero intenciones opuestas. Personajes malvados que quieren la destrucción del planeta. ¡Oh, no!

Todos, desde chicos, escuchamos historias de este estilo, en las que existen los buenos y los malos. El problema surge cuando a esa misma idea la proyectamos automáticamente en lo espiritual. Es cierto que existe Dios y existe el diablo. Pero a veces nos parece, como en las películas, que estas dos fuerzas opuestas (una que representa todo lo bueno y su contraparte malvada) tienen poderes similares y están peleando permanentemente, cabeza a cabeza. Como en esas peleas de superhéroes, nos parece que en un momento Dios toma la ventaja, luego el diablo, después Dios de nuevo... Como si todo el tiempo hubiera un empate hasta que recién en los últimos cinco minutos del film la historia da un giro y los buenos ganan. Cuando vemos una película, pensamos "¡Vaya, eso estuvo cerca!" Pero si lo comparamos con nuestra vida espiritual, no hay nada más alejado de la realidad. La Biblia nos enseña que Dios no tiene ni comienzo ni fin (Salmos 90:2) y que Él es la fuerza que sostiene todo lo que existe (Romanos 11:36). El diablo, por su parte, representa todo lo malo y todo lo que está fuera de la voluntad de Dios, es decir, lo más alejado a lo que el Señor quiere. Está caracterizado como un ángel lleno de orgullo que se rebeló contra Dios. O sea, como una criatura que ni siquiera era la más importante... **¿Cómo podríamos comparar la fuerza de ambos?**

devil for everything bad that happens in your life, and to not take responsibility for the consequences of your own decisions. Remember who your guide is and who helps you walk the right path: "*For all who are led by the Spirit of God are children of God. **So, you have not received a spirit that makes you fearful slaves. Instead, you received God's Spirit when he adopted you as his own children***" (Romans 8:14–16).

Now imagine lying on your back on the grass in a beautiful park. Surely from that point of view the trees would look huge, wouldn't they? However, what would happen if you saw those same trees from the top of a mountain? You would probably see them as tiny as little ants.

Will you look at the devil from the side of fear, or from the victory of Jesus on the cross? **You were not called to go through life in fear of what the devil might do, but to move forward with confidence from the certainty of what Jesus has already done!**

Remember Paul's advice: "...let us strip off every weight that slows us down, especially the sin that so easily trips us up. And let us run with endurance the race God has set before us. We do this by keeping our eyes on Jesus, the champion who initiates and perfects our faith" (Hebrews 12:1–2). **When you keep your eyes on Christ you stop giving prominence to the devil, you take responsibility for your actions, and you focus your attention on Jesus as the example to follow.**

Here are some tips that may help you:

- When facing situations that intimidate you, take time to ask yourself: am I focusing my eyes on Jesus? Pray to be able to see what is happening from His point of view!

- King David composed a beautiful song to remember that God was his refuge and protection when he felt

△

Además de que no son para nada equivalentes, hay un peligro aquí, y es que este tipo de pensamiento puede llevarte a echarle la culpa al diablo por todo lo malo que sucede en tu vida y a no responsabilizarte por las consecuencias de tus propias decisiones. Recuerda quién es tu guía y quién te ayuda a caminar por el camino correcto: *"Los hijos de Dios son los que se dejan conducir por el Espíritu de Dios. **Ustedes no recibieron un espíritu que los haga esclavos del miedo; recibieron el Espíritu que los adopta como hijos de Dios...**"* (Romanos 8:14-15).

Imagina ahora que te acuestas boca arriba en el césped en un hermoso parque. Seguramente desde ese punto de vista los árboles se verían inmensos, ¿verdad? Sin embargo, ¿qué ocurriría si vieras esos mismos árboles desde la cima de una montaña? Posiblemente los verías diminutos como hormiguitas.

Eso mismo ocurre en nuestra vida espiritual. ¿Te pararás a mirar al diablo desde el lado del miedo, o desde la victoria de Jesús en la cruz? **¡No fuiste llamado a ir por la vida atemorizado por lo que el diablo pueda hacer, sino para avanzar con confianza desde la certeza de lo que Jesús ya hizo!**

Recuerda el consejo de Pablo: *"...dejemos a un lado lo que nos estorba, en especial el pecado que nos molesta, y corramos con paciencia la carrera que tenemos por delante. Mantengamos fija la mirada en Jesús, pues de él viene nuestra fe y él es quien la perfecciona..."* (Hebreos 12:1b-2a). **Cuando te posicionas en Cristo, dejas de darle protagonismo al diablo, te responsabilizas por tus actos y enfocas tu atención en Jesús como el ejemplo a seguir.**

Aquí te dejamos algunos consejos que pueden ayudarte:

- *Al enfrentar situaciones que te intimiden, reflexiona: ¿estoy enfocando mi mirada en Jesús? ¡Ora para poder ver lo que ocurre desde su punto de vista!*

afraid. Read Psalm 91 and underline your favorite part.

⚠ TRUST THAT NOTHING AND NO ONE IS MORE POWERFUL THAN GOD.

I AM IN CRISIS!

ANXIETY, FEARS, INSECURITY, SADNESS, NERVES? CHANGES ARE THE WORST. (OR MAYBE, THE BEST!)

My clothes bore me, and I don't have the number of followers I'd like on my social networks! Besides, they punished me, and I can't access the Internet for a week. To top it all off, Aunt Rosa keeps embarrassing me by telling me stories about my childhood. Next week I have THREE exams, and I know for sure that the math teacher hates me. My best friend stopped talking to me over some silly thing, and the person I like won't even talk to me. I'm in crisis!

Has this ever happened to you? We understand. Preadolescence means going through a lot of changes and facing totally new situations. Some of these changes are deep and hard. They mark a "before and after" as something in you is completely changed. Here are some of the things that were hardest for us when we were your age:

Puberty: The changes your body goes through can freak you out for a while. (You suddenly get bigger, grow hair in weird places, and get pimples and more pimples).

Bereavement: When you lose someone you love very much, you feel that an important part of you disappears (for example, when a favorite family member passes away, or your pet dies).

△

- *El Rey David compuso una hermosa canción para recordar que Dios era su refugio y protección cuando sentía miedo. Lee el Salmo 91 para descubrirla y subraya tu parte favorita*

💬 CONFÍA EN QUE NADA NI NADIE ES MÁS PODEROSO QUE DIOS.

¡ESTOY EN CRISIS!

ANSIEDAD, MIEDOS, INSEGURIDAD, TRISTEZA, NERVIOS... LOS CAMBIOS SON LO PEOR (¡O QUIZÁS LO MEJOR!)

"¡Si me sale un grano más me recibo de mazorca de maíz! ¡Mi ropa me aburre y no alcanzo la cantidad de seguidores que quisiera en mis redes sociales! Además, me castigaron y no puedo entrar a internet por una semana. Para colmo, la tía Rosa no para de avergonzarme contando historias de mi niñez. La semana próxima me apuntaron TRES exámenes, y tengo la certeza de que el profesor de matemáticas me odia. Mi mejor amigo dejó de hablarme por una tontería, y la persona que me gusta ni siquiera me registra. ¡¡¡Estoy en crisis!!!".

¿Te ha pasado alguna vez? Te entendemos. La preadolescencia implica sufrir muchísimos cambios y enfrentarse a situaciones totalmente nuevas. Algunos de esos cambios son profundos y difíciles. Marcan "un antes y un después", ya que algo en ti se transforma por completo. Estas son algunas de las cosas que más nos costaron a nosotros cuando teníamos tu edad:

Pubertad: Los cambios que atraviesa tu cuerpo lo revolucionan por un tiempo (te agrandas de repente, crecen pelos en lugares extravagantes y tienes granos y más granos).

Relationships: The way you relate to others goes through different stages. (Some friends who were super close stop being close, new ones appear, and you start to see the mistakes of adults and notice that your parents were not as perfect as you thought they were when you were younger.)

Environment: New places (like moving to a new house or changing schools) make you feel uncomfortable and insecure.

Sometimes it feels like you're the only person in crisis, right? However, we've all been there! In fact, in the Bible we find many stories of girls and boys like you in critical moments: Joseph, who from a young age has constant fights with his brothers, is betrayed, and spends a lot of time alone (Genesis 37; 39; and 40); and Mary, as a teenager, is almost publicly condemned for getting pregnant without being married (Matthew 1:18–19).

We know that going through a crisis is difficult. When you are in the middle of a crisis, it feels as if there is no solution, and nothing makes sense anymore. However, God gives you the ability to choose. You can either stay stuck in your negative emotions or have faith and learn something from even the worst situations. *"So be truly glad. There is wonderful joy ahead, even though you must endure many trials for a little while. These trials will show that your faith is genuine. It is being tested as fire tests and purifies gold—though your faith is far more precious than mere gold. So, when your faith remains strong through many trials, it will bring you much praise and glory and honor on the day when Jesus Christ is revealed to the whole world"* (1 Peter 1:6–7).

Joseph chose what was best. Even in his trials he continued to trust God and ended up being the second most important person in his country. Thanks to this he was able to help his whole family at their worst, and he also had the joy of reconciliation with his brothers. Mary also did not allow her situation

△

Duelos: Cuando pierdes a alguien que amas mucho sientes que una parte importante de ti desaparece (por ejemplo, cuando fallece un familiar querido o muere tu mascota).

Vínculos: La forma en la que te relacionas con los demás pasa por diferentes etapas (algunos amigos que eran súper cercanos dejan de serlo, aparecen otros nuevos, y empiezas a ver los errores de los adultos y a notar que tus padres no eran tan perfectos como los veías cuando eras más pequeño).

Entorno: Los lugares nuevos (como mudarte a una nueva casa o cambiarte de escuela) te hacen sentir incómodo e inseguro.

A veces se siente como si fueras la única persona en crisis, ¿verdad? Sin embargo, ¡todos hemos pasado por lo mismo! De hecho, en la Biblia encontramos muchas historias de chicas y chicos como tú en momentos críticos: José, que desde pequeño tiene peleas permanentes con sus hermanos, es traicionado y pasa mucho tiempo solo (Génesis 37, 39 y 40); y María, de adolescente, casi es denunciada públicamente por quedar embarazada sin haberse casado (Mateo 1:18-19).

Sabemos que atravesar una crisis es difícil. Cuando estás en medio de la crisis, se siente como si no hubiera solución y ya nada tuviera sentido. Sin embargo, Dios te da la capacidad de elegir: puedes permanecer hundido en tus emociones negativas o tener fe y aprender algo incluso de las peores situaciones. *"Esto es lo que a ustedes los llena de alegría, a pesar de tener que sufrir diversas pruebas por algún tiempo. La fe de ustedes es como el oro que tiene que probarse por medio del fuego. Así también su fe, que vale mucho más que el oro, tiene que probarse por medio de los problemas y, si es aprobada, recibirá gloria y honor cuando Jesucristo aparezca"* *(1 Pedro 1:6-7).*

José eligió lo mejor. Incluso en medio de las pruebas él siguió confiando en Dios y terminó siendo la segunda persona

to shake her faith. She trusted in God and gave birth to the Savior of the world. Both experienced enormous challenges, but instead of "throwing in the towel" they adapted to the changes to make the best of them. **They turned the crises into opportunities to grow in faith, become better people, and change history!**

Now think about a crisis in your past or that you are currently going through. You may not understand why, but we encourage you to ask yourself: What can I learn from it? How can this crisis help me mature to love God, myself, and others more?

FAITH TURNS EVERY CRISIS INTO AN OPPORTUNITY.

THE AYCD LIST

HAVE YOU EVER RESENTED BEING A CHRISTIAN FOR NOT BEING ABLE TO DO THINGS THAT OTHERS DID?

Imagine you are sailing in a small boat in the middle of the sea. You're rowing hard, but you still don't see the shore on the horizon. Suddenly, BANG, a hole appears, and a jet of water starts pouring in! You react quickly and cover it with your hand. That was close, wasn't it? Now you just keep your hand there until you reach your destination—the boat sinking is definitely not in your plans!

After a while, BANG! A stream of water starts pouring in from the other end of the boat. You reach out and manage to cover the crack with your foot ... and just then a third jet appears. You barely manage to reach out far enough to cover this third stream with your other foot. It's exhausting; it's like you're playing Twister, and you have only one free arm left to paddle! However, another hole appears, and another and another—it's

333

más importante de su país. Gracias a esto pudo ayudar a toda su familia en su peor momento, y también tuvo la dicha de llegar a reconciliarse con sus hermanos. María tampoco permitió que la situación hiciera tambalear su fe. Ella confió en Dios y dio a luz al salvador del mundo. Ambos experimentaron desafíos enormes, pero en lugar de "tirar la toalla" se adaptaron a los cambios para sacar lo mejor de ellos. **¡Convirtieron las crisis en oportunidades para crecer en la fe, ser mejores personas y cambiar la historia!**

Piensa ahora en alguna crisis de tu pasado o que estés atravesando en la actualidad. Es posible que no comprendas el porqué, pero te animamos a que hoy puedes preguntarte: ¿qué puedo aprender de ella? ¿Cómo puede ayudarme esta crisis a madurar para amar más a Dios, a mí mismo y a los demás?

LA FE CONVIERTE CADA CRISIS EN UNA OPORTUNIDAD.

LA LISTA DE AQNPH

¿ALGUNA VEZ TE MOLESTÓ SER CRISTIANO, Y POR ESO NO PODER HACER COSAS QUE OTROS HACÍAN?

Imagina que estás navegando en un pequeño bote en el medio del mar. Remas con empeño, pero aún no ves la orilla en el horizonte. De repente, ¡PUM! ¡Se abre un agujero y comienza a entrar un chorro de agua! Reaccionas rápido y lo tapas con la mano. Eso estuvo cerca, ¿verdad? Ahora solo debes mantener tu mano ahí hasta llegar a destino. ¡Que el bote se hunda definitivamente no está en tus planes!

Al rato, ¡PUM! Empieza a entrar un chorro de agua por el otro extremo del bote. Te extiendes y logras tapar la grieta con tu pie... y justo en ese momento aparece un tercer chorro.

impossible to plug them all! Desperate, you grab a bucket and with all your might, you start to bail out the water, trying to stay afloat. How long can you hold on like this?

The same thing happens in your life of faith when you focus only on sin. Every mistake you make is like a hole, and no matter how hard you try to plug it, another one will keep popping up, and another, and another.... This path leads you to see "being a Christian" as an overwhelming burden, impossible to bear. Something similar happened to the Jews in the Old Testament. They were characterized by having a list of "Activities-You-Can't-Do": a series of laws that they had to strictly obey in order to please God. In fact, two books of the Bible (Leviticus and Deuteronomy) are very long examples of these lists.

We know that as a preteen you are curious and want to have new experiences. Also, maybe you are the only Christian in your group of friends and the "AYCD List" makes you see your faith as something that limits you and separates you from most kids your age. You probably struggle to do the right thing, and you don't understand why. **Have you ever felt this way?**

If you read the Ten Commandments that were given to the Jewish people, you'll notice a lot of "NOs!" Don't kill, don't lie, don't steal ... (you can read the rest in Deuteronomy 5:7–21). However, Jesus changed the perspective of how to live out our faith by transforming all those "NOs" into two simple "YESes": Love God, and love others as you love yourself. Focusing on what not to do sinks you. But Jesus simplifies the list! He just tells you: Trust me, jump out of the boat, dive into the greatest adventure you'll ever have, and you'll be on dry land sooner than you think. Don't focus on sin. Focus on Jesus, and let His Spirit do the rest (2 Corinthians 3:4–6). **Turn toward the light and you'll see the darkness disappear!**

△

A duras penas llegas a extenderte lo suficiente como para tapar este tercer chorro con el otro pie. Es agotador, parece que estuvieras jugando al Twister, ¡y te queda un único brazo libre para remar! Sin embargo, aparece otro agujero, y otro, y otro. ¡Es imposible taparlos a todos! Desesperado, tomas un balde y con todas tus fuerzas comienzas a sacar fuera el agua, intentando permanecer a flote. ¿Cuánto tiempo más podrías aguantar así?

Lo mismo ocurre en tu vida de fe cuando únicamente te enfocas en el pecado. Cada error que cometes es como un agujero, y por más que lo intentes tapar, seguirá apareciendo otro nuevo, y otro, y otro más... Este camino te lleva a que "ser cristiano" se convierta en una carga abrumadora, imposible de soportar. Algo parecido les ocurría a los judíos en el antiguo pacto. Ellos se caracterizaban por tener una lista de "Actividades-Que-No-Puedes-Hacer": una serie de leyes que debían obedecerse estrictamente para agradar a Dios. De hecho, dos libros de la Biblia (Levítico y Deuteronomio) son larguísimos ejemplos de ese tipo de lista.

Sabemos que como preadolescente tienes curiosidad y quieres vivir experiencias nuevas. Además, quizás eres el único cristiano en tu grupo de amigos y la "Lista de AQNPH" hace que vivas la fe como algo que te limita y te separa de la mayoría de los chicos de tu edad. Probablemente te cuesta hacer lo correcto, y no entiendes por qué. **¿Te has sentido así alguna vez?**

Si lees los diez mandamientos que fueron entregados al pueblo judío notarás muchos "¡NO!". No mates, no mientas, no robes... (puedes leer el resto en Deuteronomio 5:7-21). Sin embargo, Jesús cambió la perspectiva de cómo vivir la fe, al transformar todos esos NO en dos simples SÍ: ama a Dios, y ama a los demás como te amas a ti mismo. Concentrarte en lo que no debes hacer te lleva a hundirte. ¡Pero Jesús rompe la lista! Solo te dice: "Confía en mí, salta del bote, lánzate a nadar

How do you do this? In 2 Timothy 2:22 we find three great tips designed especially for you:

- "Run from anything that stimulates youthful lusts...." We can all be tempted to sin at times. Don't waste your energy trying to "manage" or "control" yourself. Be smarter and immediately run away from anything that will lead you to do the wrong thing!

- "...pursue righteous living, faithfulness, love, and peace." Invest your time in doing good. There really is a lot you can do, and it will make you feel full of life!

- "Enjoy the companionship of those who call on the Lord with pure hearts." Find and get involved with a group of friends who are on the same page!

! FOCUS ON THE YESES OF JESUS.

A GIFT FROM GOD

AFTER ALL WE'VE TALKED ABOUT, DO YOU STILL HAVE GUILT AND FEEL "FAR FROM GOD"?

There are two words that can make our hair stand on end more than any horror movie: "Pop quiz!" Has this ever happened to you? If you hadn't been studying or paying attention in class, it can be a terrible experience. Now, imagine that before handing in your quiz, the teacher looks at you with kind eyes and says, "Don't worry, you'll get an A this time no matter what you did." WOW! How would you feel? Possibly surprised (it's rare to get a good grade that you don't actually deserve) and relief (for having come out of a difficult situation unscathed), right?

In the Bible we find many stories of people experiencing something similar when meeting Jesus. Regardless of the mistakes they had made, the lifestyle they led, or what others

en la aventura más grandiosa que puedas vivir, y pisarás tierra firme antes de lo que piensas. No te enfoques en el pecado. Enfócate en Jesús, y deja que Su Espíritu haga el resto" (2 Corintios 3:4-6). **¡Dirígete hacia la luz y verás que la oscuridad desaparece!**

¿Cómo hacer esto? En 2 Timoteo 2:22 encontramos tres consejos geniales pensados especialmente para ti:

- *"Huye de las cosas que provocan malos pensamientos en las mentes juveniles..."* Todos alguna vez podemos sentirnos tentados a pecar. No pierdas tu energía intentando "manejarlo" o "controlarte". ¡Sé más astuto y directamente escapa de todo lo que te lleve a hacer lo malo!

- *"...dedícate a seguir la justicia, la fe, el amor y la paz..."* Invierte tu tiempo en hacer lo bueno. ¡Realmente es mucho lo que puedes hacer, y te hará sentir lleno de vida!

- *"...y hazlo junto con los que aman al Señor con toda sinceridad".* ¡Anímate a ser parte de un grupo de amigos que estén en la misma sintonía!

ENFÓCATE EN LOS SÍ DE JESÚS.

UN REGALO DE DIOS

DESPUÉS DE TODO LO QUE YA CONVERSAMOS, ¿AÚN TIENES CULPA Y TE SIENTES "LEJOS DE DIOS"?

Hay dos palabras que pueden ponernos los pelos de punta más que cualquier película de terror: "¡Examen sorpresa!" ¿Te ha pasado alguna vez? Si no habías estudiado o no habías prestado atención en las clases, puede ser una experiencia terrible. Ahora, imagina que antes de entregar el examen, la profesora

said about them, Jesus went out of His way to make it clear to them how loved they were by God (Romans 5:15–19). Despite our many sins, we all have the possibility of relationship with God! *"But God is so rich in mercy, and he loved us so much, that even though we were dead because of our sins, he gave us life when he raised Christ from the dead. (It is only by God's grace that you have been saved!) ... **God saved you by his grace when you believed. And you can't take credit for this; it is a gift from God"*** (Ephesians 2:4–5, 8).

That is grace! It's receiving God's precious gift of salvation without having to do anything to deserve it. (If you notice, it's the opposite of following rules for fear of being punished or going out of your way to be loved.) God loves you because that's who He is! And He guides you away from evil simply so that you stop hurting yourself and others!

However, you may not look at yourself as God looks at you. So, when you make a mistake, you feel that you will be judged, and you are eaten up with guilt. Watch out! That limits your faith! To make matters worse, many times you don't even say how bad you feel, for one of these three reasons:

- **You feel shame:** You think that only you go through it, that there's "something wrong" with you, and that what you've done is despicable or ridiculous (more so if it has to do with your sexuality!).

- **You are afraid of how others might react:** You don't want to be blamed or for people to be angry with you, and you are afraid of disappointing those you love, or being left out because of what you did.

- **You don't understand clearly what is happening to you:** You feel bad, but you can't put it into words. Why? Because you don't understand 100%, you feel that no one else will.

te mira con ojos amables mientras dice: "No te preocupes, esta vez tendrás un diez sin importar lo que hayas hecho". ¡WOW! ¿Qué sentirías? Posiblemente sorpresa (es raro obtener un resultado alucinante sin haberlo merecido) y alivio (por haber salido ileso de una situación difícil), ¿verdad?

En la Biblia encontramos muchas historias de personas que experimentan algo similar al encontrarse con Jesús. Sin importar los errores que hubieran cometido, el estilo de vida que llevaran o lo que los demás dijeran de ellos, Jesús se esforzó por dejarles bien claro cuán amados eran por Dios (Romanos 5:15-19).

A pesar de nuestros muchos pecados, ¡todos tenemos la posibilidad de relacionarnos con Dios! *"...Dios es tan rico en misericordia y nos amó tanto que, aunque estábamos muertos a causa de nuestros pecados, nos dio vida con Cristo, pues solo por su gracia somos salvos...* **Por su misericordia y por medio de la fe, ustedes son salvos. No es por nada que ustedes hayan hecho. La salvación es un regalo de Dios"** (Efesios 2:4-5, 8).

¡Eso es la gracia! Es recibir de parte de Dios el precioso regalo de la salvación sin necesidad de hacer algo para merecerlo (si te fijas, es lo contrario a seguir reglas por miedo a ser castigados, o a hacer un esfuerzo descomunal para ser amados). ¡Dios te ama porque así es Él! ¡Y Él te guía lejos de lo malo simplemente para que dejes de dañarte a ti mismo y a los demás!

Sin embargo, tal vez tú no te mires a ti mismo como Dios te mira. Por eso, cuando te equivocas, sientes que serás juzgado y te carcome la culpa. ¡Cuidado! ¡Eso limita tu fe! Para peor, muchas veces ni siquiera dices lo mal que te sientes, por alguno de estos tres motivos:

- **Tienes vergüenza:** Crees que solo tú pasas por eso, que hay "algo malo" en ti, y que lo que has hecho es

We invite you to experience God's grace in your life! When you really know how loved you are, your confidence will grow, and you will be able to make better decisions. Some advice:

- If you identified with any of the three reasons we just mentioned (or all of them!), reflect on what God's grace means, and pray that you can experience it 100% in your life.

- If any of these thoughts ever cross your mind, intentionally try to look at yourself with the kind eyes of Jesus.

- If you mess up, keep in mind that you can always choose to truly repent, ask for forgiveness, and seek guidance or help to overcome it. Don't bottle it up! Read Romans 8:31–39 as a reminder and copy in a sheet or in your tablet a phrase that helps you remember these truths.

GOD LOVES YOU, AND NOTHING AND NO ONE (NOT EVEN YOU) CAN CHANGE THAT.

despreciable o ridículo (¡y más si tiene que ver con tu sexualidad!).

- **Sientes miedo de cómo puedan reaccionar los demás:** No quieres ser culpado y que se enojen contigo, y temes decepcionar a quienes amas, o que te dejen de lado por lo que hiciste.

- **No entiendes con claridad lo que te pasa:** Te sientes mal pero no logras poner en palabras el porqué. Como no lo comprendes al 100%, sientes que nadie más lo hará.

¡Te invitamos a experimentar la gracia de Dios en tu vida! Cuando sepas realmente lo amado que eres, tu confianza crecerá y podrás tomar mejores decisiones. Algunos consejos:

- Si te sentiste identificado con alguno de los tres motivos que mencionamos recién (¡o con todos!), reflexiona sobre lo que significa la gracia de Dios, y ora para poder experimentarla al 100% en tu vida.

- *Si alguno de esos pensamientos en algún momento sobrevuela tu mente, trata intencionalmente de mirarte a ti mismo con los ojos amables de Jesús.*

- Si te equivocas, ten presente que siempre puedes elegir arrepentirte de verdad, pedir perdón y buscar orientación o ayuda para superarlo. ¡No te enrosques! Lee Romanos 8:31-39 como recordatorio, y copia en un papel o en tu tableta alguna frase que te ayude a recordar estas verdades.

DIOS TE AMA Y NADA NI NADIE (NI SIQUIERA TÚ) PUEDE CAMBIAR ESO.

PART II: GAINING MOMENTUM

Thanks for jumping in with us! We are very excited about what happens after you gain momentum. All that strength that God built from the inside of you starts to expand and reflect on the outside! So you'll see how faith impacts your character and your whole way of being, and transforms the way you relate to others, to your friends and in your home. Every day becomes an opportunity to let go of what holds you back and be propelled by the Holy Spirit. God's love is unstoppable!

"Therefore, since we are surrounded by such a huge crowd of witnesses to the life of faith, let us strip off every weight that slows us down, especially the sin that so easily trips us up. And let us run with endurance the race God has set before us. We do this by keeping our eyes on Jesus, the champion who initiates and perfects our faith" (Hebrews 12:1–2).

PARTE II: GANA VELOCIDAD

¡Gracias por saltar con nosotros! Estamos muy emocionados por lo que ocurre luego de tomar impulso. ¡Toda esa fuerza que Dios construyó desde tu interior empieza a expandirse y a reflejarse en el exterior! Por eso, verás cómo la fe impacta en tu carácter y en toda tu forma de ser, y transforma el modo en que te relacionas con los demás, con tus amistades y en tu hogar. Así, cada día se convierte en una oportunidad para dejar aquello que te frena, y ser impulsado por el Espíritu Santo. ¡El amor de Dios es imparable!

"Por eso, también nosotros, que estamos rodeados de tantos testigos, dejemos a un lado lo que nos estorba, en especial el pecado que nos molesta, y corramos con paciencia la carrera que tenemos por delante. Mantengamos fija la mirada en Jesús, pues de él viene nuestra fe y él es quien la perfecciona..." (Hebreos 12:1-2).

CHAPTER 4

YOU

You're great! Did you know that?

Every day you get stronger, learn new skills, and come up with more complex ideas. Preadolescence is a time of so much growth. How cool is it that you have decided to grow in your faith as well! It will impact every area of your being: your body, your mind, and your spirit.

Jesus was also a preteen and grew in a holistic way. We encourage you to discover some aspects of His way of being in order to recognize them in yourself. Life in Christ is an adventure—experience it with intensity!

△

CAPÍTULO 4
TÚ

¡Tú eres genial! ¿Lo sabías?

Cada día tienes más fuerza, adquieres nuevas habilidades, y se te ocurren ideas más complejas. La preadolescencia es una etapa de muchísimo crecimiento... ¡Qué genial es que decidas que en ella también crezca tu fe! Eso impactará en cada área de tu ser: en tu cuerpo, tu mente y tu espíritu.

Jesús también fue preadolescente y también creció de forma integral. Te animamos a descubrir algunos aspectos de su forma de ser para reconocerlos en ti. La vida en Cristo es una aventura. ¡Experiméntala con intensidad!

ACTUALIZA TUS APLICACIONES

¿CONOCES LOS RESULTADOS DE UNA VIDA DE FE?
¡ANÍMATE A SER TU MEJOR VERSIÓN!

¿Tienes idea de cómo era un teléfono en la época de tus abuelos? ¿Les preguntaste cómo sobrevivían sin internet cuando eran preadolescentes? ¿Cómo te imaginas la televisión en blanco y negro? ¡La tecnología avanza permanentemente! Y por eso, cada vez con mayor frecuencia, los programas de tu computadora o las aplicaciones de tu celular necesitan ser actualizadas para seguir funcionando. Al renovarse, se corrigen fallas y se suman mejoras en su sistema.

UPGRADE YOUR APPS

DO YOU KNOW THE RESULTS OF A LIFE OF FAITH? GET
READY TO BE THE BEST VERSION OF YOU!

Do you have any idea what a phone was like in your grandparents' time? Did you ask them how they survived without Internet when they were preteens? Can you even imagine black-and-white television? Technology is constantly advancing! And that's why, more and more often, your computer programs or cell phone applications need to be updated to keep working. As they are renewed, faults are corrected, and improvements are added to your system.

The same goes for the way you are. If you stay the same, you will keep repeating the same old mistakes and you will not take advantage of your full potential. Look at what the Bible says: *"Since you have heard about Jesus and have learned the truth that comes from him, throw off your old sinful nature and your former way of life, which is corrupted by lust and deception. Instead, **let the Spirit renew your thoughts and attitudes.** Put on your new nature, created to be like God—truly righteous and holy"* (Ephesians 4:21–24).

That's what is so exciting about having faith in an infinite God! When we get stuck, we lose. But upgrades are always available, unlimited, and free, and with them you can become a better version of you!

Jesus said: *"A good tree can't produce bad fruit, and a bad tree can't produce good fruit. A tree is identified by its fruit. Figs are never gathered from thornbushes, and grapes are not picked from bramble bushes. A good person produces good things from the treasury of a good heart, and an evil person produces evil things from the treasury of an evil heart. **What you say flows from what is in your heart"*** (Luke 6:43–45).

△

Lo mismo ocurre con tu forma de ser. Si te quedas estancado tal y como eres, seguirás repitiendo los mismos errores de siempre y no aprovecharás todo tu potencial. Mira lo que dice la Biblia: *"Si de veras han escuchado acerca del Señor y han aprendido a vivir como él, saben que la verdad está en Jesús (...)* **Renueven sus actitudes y pensamientos;** *sí, revístanse de la nueva naturaleza que Dios creó, para que sean como él, verdaderamente justos e íntegros"* (Efesios 4:21, 23-24).

¡Eso es lo apasionante de tener fe en un Dios infinito! Cuando nos estancamos, perdemos. Por el contrario, las actualizaciones están siempre disponibles, son ilimitadas y gratuitas, ¡y con ellas puedes convertirte en una mejor versión de ti!

Jesús dijo: *"Ningún árbol bueno da fruto malo, ni ningún árbol malo da fruto bueno. Cada árbol se conoce por el fruto que produce. De los espinos no se pueden recoger higos ni de las zarzas se cosechan uvas. El hombre que es bueno hace el bien, porque en su corazón tiene un tesoro de bondad. Pero el que es malo hace el mal, porque eso es lo que llena su corazón.* ***De lo que abunda en su corazón es de lo que habla su boca"*** (Lucas 6:43-45).

Dicho de otro modo, no esperes que salgan chocolates de un árbol de manzanas. Un árbol tan solo puede dar fruto de lo que tiene en su interior. Y lo mismo sucede con las personas. La forma en la que hablas es el resultado de lo que llevas dentro: tus actitudes y tus pensamientos. Por eso, si actualizas tu mente en Cristo, te parecerás más a Él, y tu forma de ser tendrá mejoras en las áreas de *"...amor, alegría, paz, paciencia, amabilidad, bondad, fidelidad, humildad y dominio propio..."* (Gálatas 5:22-23). **¿No te dan ganas de comenzar a actualizar tu sistema ya mismo?**

Otra ventaja es que al hacerlo se te instalan también unos "antivirus" geniales. Mira este chat entre dos preadolescentes que te inspirará a prestar más atención a lo que dices:

In other words, don't expect chocolates to come from an apple tree. A tree can only bear fruit from what is inside it. And it's the same with people. The way you speak is the result of what you have inside: your attitudes and your thoughts. So if you update your mind in Christ, you will become more like Him, and your way of being will have improvements in the areas of *"love, joy, peace, patience, kindness, goodness, faithfulness, humility and self-control"* (Galatians 5:22–23). **Doesn't it make you want to start upgrading your system right now?**

Another advantage is that doing so also installs some great "antivirus" software. Check out this chat between two tweens that will inspire you to pay more attention to what you say:

— Hey, did you hear? One of the guys from the other grade was talking bad about you.

— Wait! Have you already run what you're going to tell me through the three antiviruses?

— Uh... I don't understand...

— Yeah, dude. The first antivirus is the TRUTH. Is what you want to tell me 100% true?

— I don't know... I heard it from other kids at recess...

— Ok, so let's see if it passes the second antivirus: is it GOOD? Is what you want to tell me at least something good?

— Eh... No, it's the opposite...

— I see... So, let's try the last one: is it NECESSARY for you to tell me?

— Well... to be honest... No, it's not necessary...

— So, if it's not true, not good, not necessary... better not to even say it!

We encourage you to update your system and incorporate these useful antiviruses too.

△

- ¡Hey! ¿Te enteraste? Uno de los chicos del otro curso estuvo hablando mal de ti.
- ¡Espera! ¿Ya hiciste pasar lo que me vas a decir a través de los tres antivirus?
- Eh... no entiendo...
- Sí, amigo. El primer antivirus es la VERDAD. ¿Lo que me quieres decir es 100% verdadero?
- No sé... Se los oí decir a otros chicos en el recreo...
- Ok, entonces veamos si pasa el segundo antivirus: la BONDAD. ¿Lo que me quieres decir es al menos algo bueno?
- Eh... No, al contrario...
- Entiendo... Pues intentemos con el último: ¿es NECESARIO que me lo cuentes?
- Vaya... Para ser sincero... No, necesario no es...
- Entonces, si no es verdadero, ni bueno, ni necesario... ¡mejor ni lo digas!

¡Te animamos a actualizar tu sistema y a incorporar tú también estos *útiles antivirus!*

- *Piensa: ¿Qué dice tu forma de hablar acerca de lo que hay en ti? ¿Hay actitudes y pensamientos que necesiten ser actualizados? ¿Cuáles? ¿Pasas todo lo que dices (y lo que permites que te digan) por los tres filtros para asegurarte de que sea verdadero, bueno y necesario?*

- *Elije una de las áreas que se mencionan en Gálatas 5:22-23 ("...amor, alegría, paz, paciencia, amabilidad, bondad, fidelidad, humildad y dominio propio...") y escribe una pequeña oración pidiéndole a Dios que te ayude a mejorar en ese aspecto de tu vida.*

- Think: What does the way you speak say about what is in you? Are there attitudes and thoughts that need to be updated? Which ones? Do you run everything you say (and what you allow to be said to you) through the three filters to make sure it is true, good, and necessary?

- Choose one of the areas mentioned in Galatians 5:22–23 ("love, joy, peace, patience, kindness, goodness, faithfulness, humility and self-control") and write a short prayer asking God to help you improve in that area of your life.

RENEW YOURSELF FROM THE INSIDE TO EXPRESS CHRIST TO THE OUTSIDE.

INSIDE OUT

HAVE YOU EVER FELT OVERWHELMED BY YOUR EMOTIONS? LEARN HOW TO MANAGE THEM!

I don't know about you, but we are fans of the movie "Inside Out." Sometimes it amuses us to think about the emotions that drive the heads of the people we know. Give it a try! Besides, the movie shows us that emotions are super useful:

- **Inward,** because you perceive the world through them. Some you enjoy, some you suffer from, but emotions are definitely the spice of life! The spiciness of the taco, the saltiness of the chips, the melted chocolate on the ice cream ... They are what define the flavor of every moment!

- **Outward,** because they serve to express and communicate to the world how you feel. Many times, you don't say things with words, but with gestures or

△

🗨️ RENUÉVATE DESDE EL INTERIOR PARA EXPRESAR A CRISTO HACIA EL EXTERIOR.

INTENSA-MENTE

¿ALGUNA VEZ TE SENTISTE DESBORDADO POR TUS EMOCIONES? ¡DESCUBRE CÓMO GESTIONARLAS!

No sé tú, pero nosotros somos fans de la película Intensa-Mente (*Inside Out*). En ocasiones nos divierte pensar cuál es la emoción que comanda la cabeza de las personas que conocemos. ¡Inténtalo! Además, la película nos muestra que las emociones son súper útiles:

- **Hacia dentro**, porque percibes el mundo a través de ellas. Algunas las disfrutas, otras las padeces, ¡pero definitivamente las emociones son la sazón de la vida! El picante del taco, la sal de las papas fritas, el chocolate derretido sobre el helado... ¡Son aquello que marca el sabor de cada momento!

- **Hacia afuera**, porque sirven para expresar y comunicar al mundo cómo te sientes. Muchas veces no cuentas las cosas con palabras, pero sí con gestos o con actos (como dar un portazo si estás enojado, o cubrirte la cara si estás triste).

Todos tenemos emociones... pero eso no quiere decir que sepamos cómo gestionarlas a nuestro favor. Es como decir que alguien tan solo por poseer un automóvil ya sabe conducirlo. Una cosa no implica la otra, y la persona debe aprender a manejar su automóvil para evitar accidentes. De la misma forma, el ignorar cómo funcionan tus emociones y no saber manejarlas bien puede hacerte daño, a ti o a otras personas. ¿Lo habías pensado así alguna vez?

actions (like slamming the door if you are angry or covering your face if you are sad).

We all have emotions... but that doesn't mean we know how to manage them to our advantage. It's like saying that just because you own a car, you know how to drive it. One thing does not imply the other, and a person must learn how to drive a car to avoid accidents. In the same way, ignoring how your emotions work and not knowing how to manage them well can hurt you or other people. Have you ever thought about it that way?

Generally speaking, emotions can be divided into fear, sadness, anger, displeasure, and joy, just like in the movie! Now, **who runs the command center of your emotions?** While all emotions are necessary at certain times, it would be nice if joy took control! In fact, the Bible teaches us that this is the first thing we experience when we decide to put our faith in Christ. Of course, this doesn't mean that being a Christian automatically makes everything rosy. However, staying connected to God will make you feel confident even in the midst of problems.

Here are some tips on how to better manage this important aspect of your life:

- **Recognize and accept your emotions.** It's not wrong to feel bad sometimes! The Bible shows us the more human side of Jesus as He wept, became indignant, and got angry. Stop and think: What name would I give to how I feel? What caused it? Don't deny your emotions. Allow yourself to go through them and reflect on them.

- **Enjoy the present.** Healing the wounds of the past takes work but imagining the worst about the future is pointless! Feeling overly anxious about the possibility of getting an F on the test, no one coming to your birthday party, or your parents losing their job, doesn't do you any good. Because even though that situation

△

De una manera general, las emociones pueden dividirse en: miedo, tristeza, ira, desagrado y alegría. ¡Tal y como se ve en la película! Ahora bien, **¿quién maneja el centro de mando de tus emociones?** Si bien todas las emociones son necesarias en ciertos momentos, ¡sería lindo que alegría tomara el control! De hecho, la Biblia nos enseña que eso es lo primero que experimentamos como resultado cuando decidimos poner nuestra fe en Cristo. Aunque, claro está, esto no quiere decir que por ser cristiano todo se vuelva automáticamente color de rosas. Sin embargo, permanecer conectado a Dios te hará sentir confiado aun en medio de los problemas.

Aquí te compartimos algunos consejos para que puedas gestionar mejor este aspecto tan importante de tu vida:

- **Reconoce y acepta tus emociones** ¡No está mal sentirse mal a veces! La Biblia registra el lado más humano de Jesús al llorar, indignarse y enojarse. Detente y piensa: ¿qué nombre le pondría a cómo me siento? ¿Qué lo ha causado? No niegues tus emociones. Permítete atravesarlas y reflexionar sobre ellas.

- **Disfruta del presente.** Sanar las heridas del pasado lleva trabajo, ¡pero imaginar lo peor sobre el futuro no tiene sentido! Sentir demasiada ansiedad por la posibilidad de sacarte un uno en el examen, que nadie vaya a tu cumpleaños o que tus padres pierdan su trabajo no te hace bien. Porque aunque esa situación no ocurrió en la realidad, esas ideas producen daño en tu mente como si de verdad hubiera ocurrido. ¡Preocuparte mucho te enferma! (Lee *Mateo 6:25-34* si necesitas ayuda en esta área).

- **Mantente agradecido.** Si solo te enfocas en lo negativo, te parecerá que es lo único que existe. Levanta la mirada más allá de eso. Recuerda momentos divertidos, todas las habilidades que tienes

didn't happen in reality, those ideas produce damage in your mind as if it really happened. Worrying too much makes you sick! (Read Matthew 6:25–34 if you need help in this area.)

- **Be grateful.** If you only focus on the negative, it will seem like the only thing that exists. Look beyond that. Remember fun times, all the skills you have, and the people you are important to. It's not all so gray! Try to spot the rainbow after (or even in the middle of) the storm. (You can read 1 Thessalonians 5:16–18 if you need help with this.)

As a preteen, changes you're going through (hello hormones!) cause you to experience emotions very intensely. That's normal! However, we want to encourage you to get through them in the best way possible by taking care of yourself. Does it make sense to hurt yourself? Of course not! Think about this: **You can't control much of what happens around you, but you can do your best to process it wisely. Learning to manage your emotions can take a lifetime but starting right now will make the path easier!**

An important note: If after some time you find that you can't control your emotions, if you feel worse and worse, if you feel hopeless, or if you have thought about hurting yourself in any way, please find help or ask your family or an adult to do it for you! God has given you a great variety of health professionals, teachers, and spiritual leaders who will be happy to help you and encourage you to find people with experience in counseling preteens, and to put into words your emotions or what is happening to you. Also, share this advice with your friends—it can happen to all of us, and getting timely help is a blessing!

LEARN TO MANAGE YOUR EMOTIONS WITH GOD'S GUIDANCE.

△

y las personas para las que eres importante. ¡No todo es tan gris! Intenta descubrir el arcoíris luego (¡o incluso en medio!) de la tormenta. (Puedes leer *1 Tesalonicenses 5:16-18* si necesitas ayuda con esto).

Como preadolescente, los cambios que estás viviendo (¡hola hormonas!) hacen que experimentes las emociones muy intensamente. ¡Eso es normal! Sin embargo, queremos animarte a que puedas atravesarlas de la mejor manera posible, cuidándote a ti mismo. ¿Tiene sentido hacerte daño a ti mismo? ¿Verdad que no? Piensa en esto: **No puedes controlar mucho de lo que pasa a tu alrededor, pero sí puedes dar lo mejor de ti para procesarlo con sabiduría. Aprender a gestionar tus emociones puede llevarte toda la vida... ¡pero empezar justo ahora te hará el camino más fácil!**

Una nota importante: Si el tiempo pasa y ves que no puedes controlar tus emociones, si te sientes cada vez peor, si te sientes sin esperanza, o si has pensado en hacerte daño de alguna manera, ¡por favor, no dudes en buscar ayuda o en pedirle a tu familia o a algún adulto que lo haga por ti! Dios puso a tu disposición una gran variedad de profesionales de la salud, profesores y referentes espirituales que estarán felices de poder acompañarte. Anímate a acercarte a personas con experiencia en orientar a preadolescentes, y a poner en palabras tus emociones o lo que te está pasando. También comparte este consejo con tus amigos y amigas. ¡Nos puede pasar a todos, y recibir ayuda oportuna es una bendición!

APRENDE A GESTIONAR TUS EMOCIONES CON LA GUÍA DE DIOS.

EVERYTHING WILL BE ALL RIGHT

HAVE YOU EVER WANTED TO PUT ON YOUR HEADPHONES AND TELEPORT AWAY FROM WHAT'S HAPPENING TO YOU?

I (Nash) can't tell you how many times I have experienced seeing my cell phone flying through the air. It's seconds where time seems to stand still and you just scream "NOOO!" in slow motion as you watch it crash to the floor and wonder to yourself, "Did I smash the screen again?" After destroying several devices, I finally grew up: I bought one of those huge, Hulk-style cases. It's horrible, but no matter what, the cell phone will remain intact. It can keep falling and I'll be calm because I know that everything will be all right.

I experienced something similar on a mission trip I took with friends in my teens. Since the trip took almost a day, those who knew how to drive took turns driving the van while the rest of us rotated to be "copilots." Guess what? In my first ten minutes as a copilot, we hit a wall that sent us flying through the air! I remember how everything moved but, to my surprise, at that moment I was overcome with an inexplicable sense of security. In the middle of that terrible situation, I was certain that everything was going to be all right. This Word had become immensely real to me: *"Then you will experience God's peace, which exceeds anything we can understand. His peace will guard your hearts and minds as you live in Christ Jesus"* (Philippians 4:7).

How can you experience that peace? Well, first you need to know that peace is not a place where everyone wears white, smiles, and gives hugs. I (this is still Nash) used to believe that peace depended on the outside: If there is no conflict where I live, I can have peace. If my friends didn't bother me, then I would have peace. When I felt bad, I imagined that if I went to another school, or if I had other parents, I would be truly peaceful. But

TODO VA A ESTAR BIEN

¿ALGUNA VEZ QUISISTE PONERTE LOS AURICULARES Y TELETRANSPORTARTE LEJOS DE LO QUE TE ESTÁ PASANDO?

No puedo explicarte (habla Nash) la cantidad de veces que sufrí la escena de ver mi teléfono móvil volando por el aire. Son segundos en los que parece que el tiempo se detiene y solo atinas a gritar "¡NOOO!" en cámara lenta, mientras ves cómo se estrella contra el piso y te preguntas para tus adentros: "¿Acaso destrocé la pantalla otra vez?". Luego de aniquilar varios dispositivos, por fin maduré: compré una de esas carcazas enormes, estilo Hulk. Es horrible, pero por más que le pase un camión por encima el celular seguirá intacto. Puede seguir cayéndose y yo estaré tranquila porque sé que todo va a estar bien.

Experimenté un alivio parecido en un viaje de ayuda social que hice con amigos en mi adolescencia. Como el trayecto duraba casi un día, los que sabían manejar se iban turnando para conducir la camioneta mientras los demás rotábamos para ser "copilotos". ¿Adivina qué? ¡En mis primeros diez minutos como acompañante, chocamos contra un muro que nos hizo volar por el aire! Recuerdo cómo todo se movía pero, para mi sorpresa, en ese momento me invadió una sensación de seguridad inexplicable. En medio de esa situación tan terrible, yo tuve la certeza de que todo iba a estar bien. Esta Palabra se había hecho inmensamente real en mí: *"Y la paz de Dios, esa paz que nadie puede comprender, cuidará sus corazones y pensamientos en Cristo"* (Filipenses 4:7).

¿Cómo puedes tú también experimentar esa paz? Bueno, primero debes saber que no se trata de un lugar donde todos se visten de blanco, sonríen y se dan abrazos. Yo antes creía (sigue hablando Nash) que la paz dependía del exterior: si no hay una guerra donde vivo, puedo tener paz. Si mis compañeros no me molestaran, entonces tendría paz. Cuando me sentía mal

over time I learned that wherever I go, there will be problems there too! Where is the difference? It's inside me! My trust in God is what makes me feel cared for and safe.

When referring to faith, the Bible says: *"This hope is a strong and trustworthy anchor for our souls. It leads us through the curtain into God's inner sanctuary"* (Hebrews 6:19). Imagine a superstorm, like in the movies, in the middle of the sea! If there is a small boat there, when the giant waves rush against it, it will be the anchor that holds it in place so that it does not turn over and sink. Something similar happens when you spin upside down and at full speed on a roller coaster. You can relax because you know the seat belt is holding you firmly in place.

What if nothing seems to go right? Have you ever navigated by GPS? You mark your destination on the map, and it automatically plots the best way to get there. However, if you get lost, the program starts to "recalculate" where to go. You may have to make more turns or discover new streets, but one way or another the GPS will eventually manage to get you where you need to go. Now look at this verse: *"And we know that God causes everything to work together for the good of those who love God and are called according to his purpose for them"* (Romans 8:28). That's what it refers to! Even if you go through some situations that you would have preferred to avoid, God will manage to lead you to find the good in the midst of the bad.

Some questions to ponder:

*   *Think of difficult situations you have experienced. Can you recognize in any of them the peace of God giving you assurance? In which one(s)?*

*   *When it seems that nothing goes well, you can deny it or, on the contrary, you can ask yourself: What can I learn from this? What things can I be grateful for even in the midst of this situation? How can what I am*

△

imaginaba que si fuera a otro colegio, o si tuviera otros padres, estaría realmente tranquila. Pero con el tiempo aprendí que, vaya a donde vaya, ¡ahí también habrá problemas! ¿Dónde está la diferencia? ¡Está en mi interior! Mi confianza en Dios es lo que me hace sentir cuidada y segura.

Al referirse a la fe, la Biblia dice: *"Esta esperanza es como un ancla firme y segura para nuestra alma y penetra hasta la presencia misma de Dios"* (Hebreos 6:19). ¡Imagina una súper tormenta, una tormenta de película, en medio del mar! Si hay allí un pequeño barco, cuando las olas gigantes de muchos metros de altura se abalancen contra él, será el ancla la que lo mantenga en su lugar para que no se dé vuelta y se hunda. Algo similar ocurre cuando giras de cabeza y a toda velocidad en una montaña rusa. Puedes estar tranquilo porque sabes que el cinturón de seguridad te sostiene firmemente.

¿Y si nada parece salir bien? ¿Alguna vez viajaste guiado por un GPS? Marcas tu destino en el mapa y automáticamente traza el mejor camino para llegar hasta allí. Sin embargo, si te pierdes del rumbo indicado, el programa empieza a "recalcular" por dónde ir. Quizás tengas que dar más vueltas o descubrir calles nuevas, pero de una u otra forma finalmente el GPS se las arreglará para que llegues a donde debes. Ahora mira este versículo: *"Además, sabemos que si amamos a Dios, él hace que todo lo que nos suceda sea para nuestro bien..."* (Romanos 8:28a). ¡A eso mismo se refiere! Aunque pases por algunas situaciones que hubieras preferido evitar, Dios se las arreglará para conducirte a encontrar lo bueno en medio de lo malo.

Algunas preguntas para reflexionar:

- *Piensa en situaciones difíciles que hayas experimentado... ¿Puedes reconocer en alguna de ellas la paz de Dios dándote seguridad? ¿En cuál/es?*

- *Cuando parezca que nada sale bien puedes renegar o, por el contrario, puedes preguntarte: ¿qué puedo*

experiencing help me to improve my character and my relationship with others?

> ! **PEACE IS AN INNER STATE IN WHICH YOU KNOW THAT NO MATTER WHAT THE SITUATION IS, EVERYTHING IS GOING TO BE OKAY.**

THE DIFFICULT MEDAL

△
✗
THE DAY GOD HANDED OUT PATIENCE, I WAS IN ANOTHER LINE MAKING A CLAIM. HA!

If our lives were all about trying to complete a collection of medals about the qualities of Jesus, patience would be one of the hardest to get. We were born in the age of "right now!" Everything moves so fast that we find it difficult to wait for a message to be sent, a video to be downloaded, the elevator to arrive, or the microwave to finish working. We want everything right now! However, just as joy and peace are the result of a life of faith, so is patience. (We saw this in Galatians 5:22–23).

What do you do if you feel you lack patience? Some Bible translations refer to these qualities of Jesus's character as "the fruits of the Spirit." It's a nice comparison because in nature we can see how a little seed transforms into a little sprout, then becomes a plant and eventually begins to bloom. That gives hope! You probably have at least one little seed of patience... it may still be a little small, but it can grow in you. Here are some tips to help it:

When something makes you angry, don't take it personally. The bad things that happen around you were not designed specially to affect you. No carpenter woke up one morning saying, "Today I'm going to make a heavy, beautiful bed. Its legs

△

aprender yo de esto? ¿Por qué cosas puedo estar agradecido aun en medio de esta situación? ¿Cómo puede esto que estoy viviendo ayudarme a mejorar mi carácter y mi relación con los demás?

💬 **LA PAZ ES UN ESTADO INTERNO EN EL QUE SABES QUE, MÁS ALLÁ DE LA SITUACIÓN QUE SEA, TODO VA ESTAR BIEN.**

LA FIGURITA DIFÍCIL

EL DÍA QUE DIOS REPARTIÓ LA PACIENCIA, YO ESTABA EN OTRA FILA HACIENDO UN RECLAMO. ¡JA!

Si estuviéramos completando en nuestras vidas el álbum de figuritas sobre las cualidades de Jesús, la paciencia sería una de las más difíciles de conseguir. Y es que hemos nacido en la época del "¡ya mismo!". Todo avanza tan rápido que nos cuesta esperar a que se envíe un mensaje, se descargue un video, llegue el ascensor o termine de funcionar el microondas. ¡Queremos todo en el momento! Sin embargo, de la misma forma en que la alegría y la paz son el resultado de una vida de fe, la paciencia también lo es (ya lo vimos en Gálatas 5:22-23).

¿Qué hacer si sientes que no tienes paciencia? Algunas traducciones de la Biblia se refieren a esas cualidades del carácter de Jesús como "los frutos del Espíritu Santo". Es una linda comparación porque en la naturaleza podemos ver cómo una semillita se transforma en un pequeño brote, luego pasa a ser una planta y con el tiempo empieza a florecer. ¡Eso da esperanza! Probablemente tú tengas al menos una semillita de paciencia... quizás aún sea algo pequeña, pero puede crecer en ti. Aquí te compartimos algunos consejos para ayudarla:

will be solid wood with sharp edges so that when the user wakes up sleepy in the morning, he will hit his little toe and scream in pain." A piece of furniture is nothing but a piece of furniture, and even if you see stars every time you kick it, you can be sure that no one designed it on purpose to hurt you. (Although God probably invented little toes to make people's patience grow.) *"People with understanding control their anger; a hot temper shows great foolishness"* (Proverbs 14:29).

Do something productive while you wait. Whether it's waiting for an exam result, a concert of the band you like, or your birthday to arrive, sitting around thinking about it and watching the time every few minutes is likely to make the time pass even slower. Wait with an active attitude. Don't sit around doing nothing—focus on other things you can do now! *"Lazy people want much but get little, but those who work hard will prosper"* (Proverbs 13:4).

Put yourself in other people's shoes. We tend to lose patience with those we love the most ... especially our younger siblings and cousins! But it's your choice: you can either lose your temper or put yourself in their place. What I find easy, are those things harder for them because they are younger? If the same thing happened to me, how would I want to be treated? It also helps to take a deep breath and count to 10. In fact, I (Nash) have a friend who counts to 22, simply because that's her birthday and her favorite number! *"May God, who gives this patience and encouragement, help you live in complete harmony with each other, as is fitting for followers of Christ Jesus"* (Romans 15:5).

Focus on what's best in the long run. It's natural to want to get your needs met as soon as possible. However, when you act impulsively, you may make decisions that you like in the moment, but that don't suit you in the long run. Be patient with yourself. If something doesn't happen as quickly as you want it to, you can learn to handle the frustration and wait for something better!

△

Cuando algo te enoje, no lo tomes de manera personal. Las cosas malas que pasan a tu alrededor no fueron diseñadas especialmente para afectarte. Ningún carpintero su despertó una mañana diciendo: "Hoy voy a hacer una pesada y hermosa cama. En sus patas pondré madera maciza y un borde bien afilado para que cuando el que la use se levante dormido por la mañana, se golpee con toda la fuerza el dedito chiquito del pie". Un mueble no es más que un mueble, y aunque veas las estrellas cada vez que te golpees con él, puedes estar seguro de que nadie lo hizo a propósito para lastimarte (aunque probablemente Dios inventó los dedos chiquitos del pie para hacer crecer la paciencia de las personas...). *"El que controla su enojo es muy inteligente; el que se enoja fácilmente es un necio"* (Proverbios 14:29).

Haz algo productivo mientras esperas. Si se trata de esperar el resultado de un examen, el día del concierto de la banda que te gusta o que llegue tu cumpleaños, es probable que sentarte a pensar en eso y mirar el reloj a cada rato haga que el tiempo pase aún más lentamente. Espera con una actitud activa. No te quedes sin hacer nada. ¡Concéntrate en otras cosas que sí puedes hacer ahora! *"El perezoso desea mucho pero obtiene poco; el que trabaja obtendrá todo lo que desea"* (Proverbios 13:4).

Ponte en el lugar de los demás. Solemos perder la paciencia con quienes más queremos... ¡en especial con nuestros hermanos y primos menores! Pero es tu decisión: puedes perder la calma o ponerte en su lugar. Esto que para mí es fácil, ¿les cuesta más a ellos por ser menores? Si yo pasara por lo mismo, ¿cómo me gustaría que me trataran? También ayuda respirar profundo y contar hasta diez. De hecho, tengo una amiga (habla Nash) que cuenta hasta veintidós, ¡simplemente porque ese es el día de su cumpleaños y su número favorito! *"¡Que Dios, que da aliento y perseverancia, les ayude a vivir juntos en armonía, tal como Cristo nos dio el ejemplo!"* (Romanos 15:5).

"We can rejoice, too, when we run into problems and trials, for we know that they help us develop endurance. And endurance develops strength of character, and character strengthens our confident hope of salvation" (Romans 5:3–4).

As a last piece of advice, stop saying that you have no patience. This will not help you change. It is true that it is difficult to exercise patience, but if you try hard, you will succeed!

- Think of an example from the past. How has being impatient hurt you? How could you have acted differently?

- Think of an everyday situation that makes you lose your patience. How could you put these tips into practice during those times?

DEVELOPING PATIENCE REQUIRES PATIENCE...

△

Enfócate en lo mejor a largo plazo. Es natural querer satisfacer tus necesidades lo antes posible. Sin embargo, cuando actúas de forma impulsiva puedes tomar decisiones que te gustan en el momento, pero que no te convienen a largo plazo. Ten paciencia contigo mismo. Si algo no sucede tan rápido cómo lo deseas, ¡puedes aprender a manejar la frustración y esperar algo mejor! *"Y también nos gozamos de las aflicciones, porque nos enseñan a tener paciencia; y la paciencia nos ayuda a superar las pruebas, y así nuestra esperanza se fortalece"* (Romanos 5:3-4).

Como último consejo, deja de repetir que no tienes paciencia. Esto no te ayudará a cambiar. Es cierto que es difícil ejercitar la paciencia, ¡pero si te esfuerzas de seguro lo lograrás!

- *Piensa en algún ejemplo del pasado. ¿En qué te ha perjudicado el ser impaciente? ¿Cómo podrías haber actuado diferente?*

- *Piensa en una situación cotidiana que te haga "perder" la paciencia. ¿Cómo podrías poner en práctica los consejos anteriores en ese tipo de ocasiones?*

💬 **DESARROLLAR LA PACIENCIA REQUIERE PACIENCIA...**

CHAPTER 5

YOUR FRIENDS

I'm sure you agree with this statement: Everything is better with friends!

In the Bible we see that among His twelve closest friends, Jesus was especially close to one. Years after Jesus's death and resurrection, John wrote: *"There is no greater love than to lay down one's life for one's friends"* (John 15:13). John was able to experience firsthand what it meant to be Jesus's best friend. He was in the front row at His best moments, and at His most

CAPÍTULO 5

TUS AMIGOS

Seguro estás de acuerdo con esta afirmación: ¡Todo es mejor con amigos!

En la Biblia vemos que entre sus doce más cercanos, Jesús se relacionó especialmente con uno. Años después de su muerte y resurrección, este escribió: *"Nadie tiene más amor que el que da la vida por sus amigos"* (Juan 15:13) ¡Vaya! Juan pudo vivir en carne propia lo que significa ser el mejor amigo de Jesús. Él estuvo en primera fila en sus mejores momentos, y también en el más difícil. Y entendió que la cruz no solo cambió la historia de la humanidad, sino que transforma la historia singular de cada persona que acepta la invitación de Jesús para ser su amigo.

Hoy en día quizás no te veas enfrentado a la decisión de tener que "dar tu vida" por uno de tus amigos. Sin embargo, hay algo muy valioso que es tu tiempo. En un mundo hiperacelerado e individualista como el nuestro, el poder dedicar tiempo de calidad a tus amigos es una auténtica muestra de amor. ¡Disfruta de compartir una vida de fe con tus amigos!

AVATAR

¿CÓMO ES LA PERSONA EN LA QUE TE GUSTARÍA CONVERTIRTE? ¡TUS AMIGOS SERÁN CLAVE EN EL PROCESO!

Me encantan los videojuegos en los que debes crear tu propio personaje (habla Calo). Es muy divertido ponerle ropa

difficult. And he understood that the cross not only changed human history, but it transforms the unique story of each person who accepts Jesus's invitation to be His friend.

Today you may not have to decide to "lay down your life" for one of your friends. However, there is something very precious you give: your time. In a super-accelerated and individualistic world like ours, being able to dedicate quality time to your friends is a true sign of love. Enjoy sharing a life of faith with your friends!

△ AVATAR

✖ WHAT KIND OF PERSON DO YOU WANT TO BECOME? YOUR FRIENDS WILL BE KEY IN THE PROCESS!

I (Calo) love video games where you have to create your own character. It's a lot of fun to put on flashy clothes and have crazy hairstyles. What I enjoy the most is programming their personality and skills: outgoing or shy, defensive or attacking, and in the end it's just the way I like it!

Can you imagine what your ideal friend's avatar would look like? What would you come up with? Some preteens answered: someone who knows how to keep secrets, with similar tastes, who is funny, who is available when I need him/her, who responds quickly to messages ... We all want a friend like that!

Now, how do you think your friends would describe your avatar? Would you consider yourself an ideal friend? When you think of "spiritual things" words like prayer, forgiveness, sacrifice come to mind. However, **friendship is one of the most spiritual subjects there can be!** Your friends are an essential part of your life, and you are key to theirs as well. Growing in friendship with wisdom can enhance the faith of both of you! In the Bible we find many keys to that:

△

llamativa y peinados estridentes. Lo que más disfruto es ir programando su personalidad y habilidades: ¿extrovertido o tímido? ¿Con capacidad de defensa o de ataque? ¡Al final queda justo como a mí me gusta!

¿Puedes imaginar cómo sería el avatar de tu amigo ideal? ¿Qué se te ocurre? Algunos preadolescentes respondieron: que sepa guardar secretos, que tenga gustos en común conmigo, que sea divertido, que esté disponible cuando lo necesito, que responda rápido los mensajes... ¡Todos queremos un amigo así!

Ahora, ¿cómo piensas que tus amigos describirían tu avatar? ¿Puedes considerarte a ti mismo como un amigo ideal? Cuando piensas en "asuntos de la fe" rápidamente vienen a tu cabeza palabras como: oración, perdón, sacrificio... Sin embargo, **¡la amistad es uno de los temas más espirituales que puedan existir!** Tus amigos son una parte esencial de tu vida, y tú eres clave para ellos también. ¡Crecer en la amistad con sabiduría puede potenciar la fe de ambos! En la Biblia encontramos muchas claves para eso:

Aprender a ser un buen amigo te convertirá en mejor persona. Aquellos con quienes más te relacionas y mejor te conocen... ¡suelen ser justamente con quienes más peleas! Esto es así porque hay aspectos de tu carácter (los mejores y los peores) que solo salen a la luz cuando tienes una relación profunda con otra persona. Allí emergen incluso aquellas actitudes que ni sabías que tenías... ¡y esta es una oportunidad para que las puedas mejorar! ¿Es fácil? ¡Claro que no! Pero es una oportunidad para superarte, y debes aprovecharla. Para que un lápiz esté afilado, debe pasar el doloroso proceso del sacapuntas, ¿verdad? Lo mismo ocurre si te comprometes en una amistad en la que aprendes de tus errores y te perfeccionas. *"Para afilar el hierro, la lima; para ser mejor persona, el amigo"* (Proverbios 27:17, TLA).

Learning to be a good friend will make you a better person. Those with whom you relate the most and know you the best are often the ones with whom you fight the most! This is because there are aspects of your character (the best and the worst) that only come to light when you have a deep relationship with another person. When those attitudes that you didn't even know you had emerge, this is an opportunity for you to improve them! Is it easy? Of course not! But it's a chance to better yourself, and you must take advantage of it. For a pencil to be sharp, it has to go through the painful process of sharpening, right? The same is true if you engage in a friendship where you learn from your mistakes and improve yourself. **"As iron sharpens iron, so a friend sharpens a friend"** (Proverbs 27:17).

Your friends will influence the way you are. Have you ever heard of "peer pressure"? The need to be accepted by others comes naturally to people. Preadolescence is a time when "being part of a group" becomes more important than ever. For this reason, you should think carefully about the people you want to relate to, as you may end up resembling them. Will they make you a better or worse person? Is this what is really good for you in the long run? *"Walk with the wise and become wise; associate with fools and get in trouble"* (Proverbs 13:20); *"Don't be fooled by those who say such things, for 'bad company corrupts good character'"* (1 Corinthians 15:33).

A friendship can save or sink your life. A nice way to think of your friends is that they are like the family you choose to have. In a time when the usual thing is to quickly get rid of what doesn't suit us, committing to building a true friendship, one that lasts through thick and thin, has the power to completely change your life and the lives of others. *"There are 'friends' who destroy each other, but a real friend sticks closer than a brother"* (Proverbs 18:24); *"A friend is always loyal, and a brother is born to help in time of need"* (Proverbs 17:17).

△

Tus amigos influenciarán tu forma de ser. ¿Has oído hablar de la "presión de grupo"? La necesidad de ser aceptados por los demás es algo natural en las personas. La preadolescencia es una etapa en la que "ser parte de un grupo" se vuelve más importante que nunca. Por eso, debes pensar bien cómo son las personas con las que quieres relacionarte, ya que posiblemente terminarás pareciéndote a ellas. ¿Te volverán mejor o peor persona? ¿Es lo que realmente te conviene a largo plazo? *"El que anda con sabios, será sabio; al que anda con necios, lo lastimarán"* (Proverbios 13:20); *"¡No se dejen engañar! Bien dice el dicho, que «Las malas amistades echan a perder las buenas costumbres»"* (1 Corintios 15:33, TLA).

Una amistad puede salvar o hundir tu vida. Una linda forma de pensar en tus amigos es que son como la familia que eliges tener. En una época en la que lo usual es deshacerse rápidamente de lo que no nos sirve, el comprometerte a construir una verdadera amistad, que perdure a través de las buenas y de las malas situaciones, tiene el poder de cambiar completamente tu vida y la de los demás. *"Hay amigos que nos llevan a la ruina, pero hay amigos más fieles que un hermano"* (Proverbios 18:24); *"El verdadero amigo siempre ama, y en tiempos de necesidad es como un hermano"* (Proverbios 17:17).

Jesús **ofrecía** su amistad a cada persona que la necesitaba: daba consejos, se relacionaba incluso con los marginados, era generoso… Sin embargo, cuando necesitó **recibir** influencia de un amigo durante momentos delicados, fue muy específico con las personas que eligió. Aun dentro del grupo de sus mejores amigos, abrió su corazón tan solo a un puñado de ellos para pedirles oración y apoyo en los momentos más difíciles.

- Piensa quiénes son los amigos a quienes puedes brindar tu amistad, y quiénes son aquellos con los que puedes mostrarte vulnerable y de los que puedes recibir consejo.

Jesus **offered** His friendship to every person who needed it: He gave advice, He related even to the marginalized, He was generous ... However, when He needed to **receive** help from a friend during difficult moments, He was very specific about the people He chose. Even among His best friends, He opened His heart to only a handful of them to ask for prayer and support in the most difficult moments.

- Think about the people you can be friends with, and the ones you can be vulnerable with and get good advice from.

BECOME EVERYONE'S IDEAL FRIEND BUT CHOOSE WISELY WHOM YOU WILL OPEN YOUR HEART TO.

LARGE-SIZE YOUR COMBO

WANT TO MAKE YOUR FRIENDS' COMBO LARGER WITH AN EXTRA DRINK AND FRIES?

After hanging out with our tween friends all day, Calo and I (Nash) decided to take them to a fast-food restaurant to celebrate what a great time we had, and you know no one is hungrier than a tween! So, since there were a lot of them and our money was tight, I figured a regular combo for each of them would be enough. The kids ate until they were full and there were even chips left over. I remember thinking, "Wow, a miracle of multiplication!"

However, clearing the tables before we left, I saw the receipt on one of the trays. It was double what I had calculated! I almost died thinking about how we were going to pay off the credit card charge! As I looked in more detail, I discovered that each combo had a "up-size" surcharge to become "XL." That's when I let out a scream: "CAAAALOOOOOO!" Yes... the saleswoman,

△

> ## 💬 CONVIÉRTETE EN EL AMIGO IDEAL DE TODOS, PERO ELIGE CON SABIDURÍA A QUIENES ABRIRÁS TU CORAZÓN.

AGRANDA EL COMBO

¿QUIERES AGRANDAR EL COMBO DE TUS AMIGOS CON UNA BEBIDA Y PAPAS EXTRA?

Luego de haber paseado todo el día con nuestros amigos preadolescentes, Calo y yo (habla Nash) decidimos llevarlos a un restaurante de comida rápida para celebrar lo bien que la habíamos pasado. ¡Y tú sabes que nadie tiene más hambre que un preadolescente! Así que, como ellos eran muchos y nuestro dinero poco, pensé que un combo regular para cada uno sería suficiente. Los chicos comieron hasta quedar llenos y hasta sobraron papas fritas. Recuerdo haber pensado: "¡Vaya, un milagro de multiplicación!".

Sin embargo, limpiando las mesas antes de irnos, vi el ticket de compra en una de las bandejas... ¡era el doble de lo que yo había calculado! ¡Casi muero pensando en cómo íbamos a pagar la tarjeta de crédito! Al mirar en más detalle descubrí que cada combo tenía un recargo de "dos extras" para convertirse en "XL". Fue entonces cuando pegué un grito: "¡CAAAALOOOO!". Sí... la vendedora, con una gran sonrisa, le había ofrecido sumar bebida y papas EXTRA a los combos. Y obviamente, Calo dijo que sí sin dudarlo, para todos y cada uno de los catorce combos...

El marketing existe gracias a personas como Calo. Él siempre agrega confites a sus palomitas de maíz en el cine, y realiza donativos a cuanta fundación de caridad se le pase por enfrente. A Calo le encanta disfrutar de todo, y si puede sumarle un "extra" a alguien más, ni lo piensa. ¡Él es un ejemplo de fe

with a big smile, had offered to add EXTRA drinks and chips to the combos. And obviously, Calo said yes without hesitation, for each and every one of the fourteen combos.

Marketing exists because of people like Calo. He always adds candy to his popcorn at the movies and donates to every charity that comes his way. Calo loves to enjoy everything, and if he can add an "extra" for someone else, he doesn't even think about it. He is an example of faith for my life! In fact, it's interesting to think of goodness and kindness, two of the characteristics of Jesus's way of being, as the desire to do good but with a special "extra.. We can all do things "right," but to do them well and with love ... that's making the combo bigger!

Your friends may not remember some things you did together or what you said to them, but they will never forget the way you made them feel. Do your friends feel loved by you? As followers of Jesus, this should be our motto: *"And do everything with love"* (1 Corinthians 16:14). We all know that the greatest demonstration of God's love for us was Jesus's death on the cross (John 3:16), but He didn't stop there: Jesus's whole life was pure goodness and kindness!

We encourage you to pay attention to even those small details that often go unnoticed: doing a favor without being asked, sharing something you like, keeping quiet about something that could hurt someone. **Add to the combo with acts of love and without expecting anything in return. Do it simply to add an "extra" to life.** In this way, you will experience what it is to live your faith in its fullness, and your friends will enjoy the life of Christ expressed in you!

Now let's take it a step further: what do we do with those who are not our friends? When Jesus taught about what to do with those who treat you badly, He totally ruled out revenge as an option, and invited you to add an "extra" to all the good you can do: *"But I say, do not resist an evil person! If someone slaps*

△

para mi vida. De hecho, es interesante pensar en la bondad y en la amabilidad, dos de las características de la forma de ser de Jesús, como en las ganas de hacer lo bueno pero con un "extra" especial. Todos podemos hacer las cosas "bien", pero hacerlas bien y con amor... ¡eso es agrandar el combo!

Quizás tus amigos no recuerden algunas cosas que hicieron juntos o lo que les dijiste, pero jamás olvidarán la forma en la que los hiciste sentir. ¿Se sienten tus amigos amados por ti? Como seguidores de Jesús, este tendría que ser nuestro lema: *"Cualquier cosa que hagan, háganla con amor"* (1 Corintios 16:14). Todos sabemos que la mayor demostración del amor de Dios por nosotros fue la muerte de Jesús en la cruz (Juan 3:16), pero él no se limitó a eso: ¡La vida entera de Jesús fue pura bondad y amabilidad!

Te animamos a prestar atención aun a esos pequeños detalles que muchas veces pasan desapercibidos: hacer un favor sin que te lo pidan, compartir algo que te gusta, callar una palabra que podría lastimar. **Agranda el combo con actos de amor y sin esperar nada a cambio. Hazlo simplemente para agregarle un "extra" a la vida.** Así, experimentarás lo que es vivir la fe en su mayor plenitud, ¡y tus amigos disfrutarán de la vida de Cristo expresada en ti!

Ahora vamos a dar un paso más: ¿Qué hacemos con los que no son nuestros amigos? Cuando Jesús enseñó sobre qué hacer con quienes te tratan mal, él descartó totalmente la venganza como opción, y te invitó a sumar un "extra" a todo lo bueno que puedes hacer: *"Pero yo les digo: No paguen mal por mal. Si los abofetean en la mejilla derecha, presenten la otra. Si los llevan a juicio y les quitan la camisa, denles también el abrigo. Si los obligan a llevar una carga un kilómetro, llévenla dos kilómetros. Denle al que les pida, y no le den la espalda al que les pida prestado"* (Mateo 5:39-42).

you on the right cheek, offer the other cheek also. If you are sued in court and your shirt is taken from you, give your coat, too. If a soldier demands that you carry his gear for a mile, carry it two miles. Give to those who ask, and don't turn away from those who want to borrow" (Matthew 5:39–42).

You see, it's not about making the combo bigger just for those you like, but for EVERYONE. Jesus really took love to another level! Remember He said: *"But I say, love your enemies! Pray for those who persecute you! In that way, you will be acting as true children of your Father in heaven. For he gives his sunlight to both the evil and the good, and he sends rain on the just and the unjust alike"* (Matthew 5:44–45).

- Every time you do something, think: How can I add an "extra" of love to it?
- What do you think the world would be like if we all acted with the goodness and kindness of Jesus? Let the change start with you!

WHITE FLAG

ARE YOU TIRED OF FIGHTING? THERE'S A WAY OUT!

Does this scene ring a bell? In the middle of a war movie, one of the armies displays a white flag to say, "Let's stop the fighting!" Maybe they are too tired, or too hurt, and really need a moment of peace. They may also use that "ceasefire" as a time to come to an agreement and resolve the problem.

As a preteen, it's likely that sometimes your relationships with your friends become a kind of war ground: a friend who was everything to you stops talking to you all of a sudden, you feel like you have fake friends, or you mess up so badly that you lose the trust of others and feel like there's no going back....

△

Como ves, no se trata de agrandar el combo solo para quienes te caen bien, sino para TODOS. ¡Realmente Jesús llevó el amor a otro nivel! Recuerda que él dijo: *"¡Amen a sus enemigos! ¡Oren por quienes los persiguen! De esta forma estarán actuando como hijos de su Padre que está en el cielo, porque él da la luz del sol a los malos y a los buenos y envía la lluvia a los justos y a los injustos"* (Mateo 5:44-45).

- *Cada vez que estés haciendo algo, piensa: ¿cómo puedo sumarle a esto un "extra" de amor?*

- *¿Cómo crees que estaría el mundo si todos actuáramos con la bondad y amabilidad de Jesús?*

¡Que el cambio empiece por ti!

BANDERA BLANCA

¿ESTÁS CANSADO DE LAS PELEAS? ¡HAY UNA SALIDA!

¿Te suena esta escena? En medio de una película de guerra, uno de los ejércitos muestra una bandera blanca para decir "¡detengamos la pelea!". Quizás están muy cansados, o demasiado lastimados, y realmente necesitan un momento de paz. También pueden aprovechar ese "alto el fuego" como un respiro para llegar a un acuerdo y resolver el problema.

Como preadolescente, es probable que a veces la relación con tus amigos se convierta en una especie de terreno de guerra: un amigo que era todo para ti deja de hablarte de un día para el otro, sientes que tienes amigos falsos, o te equivocas tanto en algo que pierdes la confianza de los demás y sientes que ya no hay vuelta atrás...

¿Sabes cuál es una de las cosas más lindas de vivir una vida de fe? ¡Las segundas oportunidades! Cuando parece que todo está perdido, Dios te invita a empezar de nuevo. Y donde había conflictos, Jesús te invita a hacer una tregua: *"Por*

Do you know what one of the most beautiful things about living a life of faith is? Second chances! When it seems like all is lost, God invites you to start over. And where there was conflict, Jesus invites you to make a truce: *"This means that anyone who belongs to Christ has become a new person. The old life is gone; a new life has begun! And all of this is a gift from God, who brought us back to himself through Christ. And God has given us this task of reconciling people to him. For God was in Christ, reconciling the world to himself, no longer counting people's sins against them. And he gave us this wonderful message of reconciliation"* (2 Corinthians 5:17–19).

As a preteen, Bianca was picked on every day by a group of schoolmates. They would play practical jokes on her and talk badly about her behind her back. As in typical bullying cases, one girl in the class led the way while the others joined in. This made Bianca feel sad, frustrated, and very angry. However, she didn't stop there! Instead of continuing to have a hard time, she prayed, asked for help, and decided to do something different to seek reconciliation. Bianca decided to put into practice this advice in the Bible: *"A gentle answer deflects anger, but harsh words make tempers flare"* (Proverbs 15:1). How? She wrote a letter to the girl who picked on her the most where she listed all the good characteristics she found in her: she pointed out that she was smart, strong, had leadership ability, and even complimented her hair. She attached a chocolate to her letter and handed it to her.

The girl was shocked ... she couldn't say anything to her. How do you argue with someone who is complimenting you? It didn't make sense anymore! That "white flag" changed everything. From that moment on, they stopped bothering her and were even able to live together in peace. Bianca is an example of faith put into action!

Being angry is not synonymous with sin. Anger is a way of expressing our frustration. It is the way we respond to an

△

lo tanto, si alguien está unido a Cristo, es una nueva creación. ¡Lo viejo ha quedado atrás y lo nuevo ha llegado! Y todo esto proviene de Dios, quien nos reconcilió consigo por lo que Jesucristo hizo. Y Dios nos ha otorgado la tarea de la reconciliación. Dicho en otras palabras: en Cristo, Dios estaba reconciliando al mundo con él, no tomándole en cuenta sus pecados, y encargándonos a nosotros este mensaje de la reconciliación" (2 Corintios 5:17-19).

En su preadolescencia, Bianca era molestada todos los días por un grupo de compañeras de escuela. Le hacían bromas pesadas y hablaban mal de ella a sus espaldas. Como en los típicos casos de *bullying*, una chica del curso lideraba las críticas mientras que las demás se sumaban. Esto hacía sentir a Bianca triste, frustrada y muy enojada. Sin embargo, ¡no sé quedó estancada allí! En lugar de seguir pasándola mal, oró, pidió ayuda, y decidió hacer algo diferente para buscar la reconciliación. Bianca decidió poner en práctica este consejo en la Biblia: *"La respuesta amable calma el enojo, pero la respuesta grosera lo hace encenderse más"* (Proverbios 15:1). ¿Cómo? Escribió una carta a la chica que más la molestaba donde enumeró todas las características buenas que encontraba en ella: destacó que era inteligente, fuerte, con actitudes de líder y hasta halagó su cabello. Abrochó un chocolate a su carta y se la entregó.

La chica quedó impactada... no pudo decirle nada. ¿Cómo contradices a alguien que te está halagando? ¡Ya no tenía sentido! Esa "bandera blanca" lo cambió todo. Desde ese momento, dejaron de molestarla y hasta pudieron convivir en paz. ¡Bianca es un ejemplo de fe puesta en acción!

Estar enojados no es sinónimo de pecado. El enojo es una manera de expresar nuestra frustración. Es la forma en la que respondemos a una injusticia, o a cómo nos decepcionó la actitud o el desinterés de otra persona. Ahora bien, la clave es: **¿qué decides hacer con ese enojo?**

injustice, or to how we were disappointed by another person's attitude or disinterest. Now, the key is: **what do you decide to do with that anger?**

Jesus inspires us to grow the following fruits in us:

"Humility" or "meekness": It is not letting yourself be carried away by anger. When you feel hurt, it is normal that you tend to act impulsively. But this is not good, even if you are right! Remember that the truth is like a stone: you can throw it at someone's head or, conversely, you can gently give it to them in their hand.

"Self-control" or "temperance": This has to do with taking control of how you react. It is to slow down a little bit so that you can make the best decision. The Holy Spirit is growing this fruit in you as an inner strength that will allow you to choose the best instead of the "easy way out."

It takes a lot of humility and self-control to be able to do what Bianca did, but it was certainly worth it! *"Don't let evil conquer you, but conquer evil by doing good"* (Romans 12:21).

WHEN THE GOING GETS TOUGH, CHOOSE TO LOVE.

ENOUGH "BLAH BLAH BLAH"

HOW DO YOU TALK LESS AND EXPRESS MORE?

How do you share your faith with those friends who don't yet know Jesus? In general, there are two answers that are always at the top of the list: inviting them to Church and sharing Christian verses or music. Both ideas are great! However, just

△

Jesús nos inspira a que los siguientes frutos crezcan en nosotros:

'Humildad' o 'mansedumbre': Es no dejarte llevar por el enojo. Cuando te sientes lastimado, es normal que tiendas a actuar impulsivamente. Pero esto no es bueno, ¡aunque tengas razón! Recuerda que la verdad es como una piedra: puedes lanzársela a alguien por la cabeza o, por el contrario, puedes dársela gentilmente en la mano.

'Dominio propio' o 'templanza': Tiene que ver con tomar el control de cómo reaccionas. Es frenar un poco para poder tomar la mejor decisión. El Espíritu Santo va formando este fruto en ti como una fuerza interior que te permitirá elegir lo mejor en lugar de la "salida fácil".

Se requiere mucha humildad y dominio propio para poder hacer lo que hizo Bianca, ¡pero ciertamente valió la pena! *"No te dejes, pues, vencer por el mal, sino vence el mal haciendo el bien"* (Romanos 12:21).

> **CUANDO LAS COSAS SE PONGAN FEAS, ELIGE AMAR.**

BASTA DE "BLA BLA BLA"

¿CÓMO HABLAR MENOS Y EXPRESAR MÁS?

¿Cómo compartes tu fe con aquellos amigos que todavía no conocen a Jesús? En general, hay dos respuestas que están siempre en el top del ranking: invitándolos a la iglesia, y compartirles versículos o música cristiana. ¡Ambas ideas son geniales! Sin embargo, así como tienen su lado positivo, también tienen uno negativo que se podría mejorar... Imagina esta situación:

as they have their positive side, they also have a negative one that could be improved.... Imagine this situation:

Daniel, your best friend, spent the weekend at a huge amusement park that recently opened about a two-hour drive from your city. And on one of the rides, he won two free passes to revisit the park next week with a person of his choice! You've never been so you get really excited and ask him for all the details! Then Daniel starts telling you, "It's amazing, there are rides of all kinds! Some roller coasters take your breath away. You're suspended upside down high above the ground and you feel shivers all over your body."

What vertigo! You're already imagining how you'll scream at the top of your lungs on the speedy descents.

Daniel continues: "There are also their live shows: musicals, action fights, you name it! And the food is SO tasty. Plus, there are video games, and stores where they sell hundreds of cute things and T-shirts like this one I'm wearing. I can't wait for you to get yours!"

By this point in the story, you probably find yourself fantasizing about your plans to go. Now, imagine your best friend follows up with the following: "And since this week is your birthday and I appreciate you so much, I set aside some special time for us to spend doing something you'll love...."

You think: *Is this really happening, are we going to the amusement park together, is this dream becoming a reality?!* Meanwhile, your friend finishes the sentence by saying: "You'll be the first to see my pictures and videos about what a great time I had at the park!"

WHAT? Your heart breaks into pieces, and you simply stop paying attention to what he's saying. It makes you happy that Daniel had a good time, but you don't want to listen to him talk about it anymore. You want to live your own experience!

Daniel, tu mejor amigo, estuvo el fin de semana en un parque de diversiones enorme que abrieron hace poco a unas dos horas de viaje de tu ciudad. ¡Y en una de las atracciones ganó dos pases libres para volver a visitar el parque la semana entrante con una persona de su elección! ¡Tú jamás fuiste, así que te emocionas muchísimo y le pides todos los detalles! Entonces Daniel comienza a contarte:

"¡Es increíble! ¡Hay juegos de todos los tipos! Algunas montañas rusas te dejan sin aliento. Te quedas suspendido de cabeza a varios metros del suelo y sientes escalofríos en todo tu cuerpo".

¡Qué vértigo! Tú ya estás imaginando cómo gritarás con todas tus fuerzas en las bajadas a toda velocidad. Daniel sigue:

"Hay también shows en vivo: musicales, peleas de acción, ¡de todo! Y la comida es TAN sabrosa. Además, hay juegos electrónicos, y tiendas donde venden cientos de cosas lindas y remeras como esta que llevo puesta. ¡Tengo tantas ganas de que tengas la tuya!".

A esta altura del relato seguramente ya te encuentras fantaseando sobre tus planes para ir. Ahora, imagina que tu mejor amigo continúa con lo siguiente:

"Y como esta semana es tu cumpleaños y te aprecio mucho, separé un tiempo especial para que lo pasemos haciendo algo que te encantará"...

Piensas: ¿realmente esto está pasando? ¿Iremos juntos al parque de diversiones? ¡¿El sueño se vuelve real?! Mientras tanto, tu amigo termina la frase diciendo:

"... ¡Serás el primero en ver mis fotos y videos sobre lo genial que la pasé en el parque!".

¡¿¿QUÉ??! Tu corazón se rompe en pedazos, y simplemente dejas de prestar atención a lo que dice. Te pone feliz que Daniel

Unfortunately, he doesn't seem to have any interest in sharing his special pass with you so you can experience it together. Chances are that after a while of listening to him talk, you'll get bored and try to drop the subject. And if someone later mentions the amusement park to you, you'll probably feel uncomfortable and think it's something only your friend can enjoy, not you.

The same thing happens when you only share Christian verses or songs with your friends! It's great to tell them that there is a God who loves them, **but they don't just want the theory. They need to experience it!** And it's not about taking them to the place where you go to Church to have a teacher or pastor "teach" them about God. That would be ignoring your responsibility to express God's love to your friend by delegating it to someone else. The Bible says, *"The only letter of recommendation we need is you yourselves. Your lives are a letter written in our hearts; everyone can read it and recognize our good work among you. Clearly, you are a letter from Christ showing the result of our ministry among you. This 'letter' is written not with pen and ink, but with the Spirit of the living God. It is carved not on tablets of stone, but on human hearts"* (2 Corinthians 3:2–3).

God loves for you to be part of a community with your friends, teachers, neighbors, and even your social media followers. He wants you to make friends just as Jesus did. That way, everyone can enjoy the life of Christ as they relate to you. ***Become the living word of God and be the Church wherever you are!***

💬 **LIVE THE FAITH IN SUCH A SPECIAL WAY THAT EVERYONE AROUND YOU CAN EXPERIENCE IT!**

lo haya pasado bien, pero no quieres seguir escuchándolo hablar sobre el tema... ¡Quieres vivir tu propia experiencia! Lamentablemente, él parece no tener ningún interés en compartirte su pase especial para poder vivirlo juntos. Lo más probable es que luego de un tiempo de escucharlo hablar te aburras y busques dejar de lado el tema. Y si más adelante alguien te menciona el parque de diversiones, seguramente te sientas incómodo y pienses que es algo que solamente puede disfrutar tu amigo, y no tú.

¡Eso mismo ocurre cuando únicamente les compartes versículos o canciones cristianas a tus amigos! Está genial contarles que hay un Dios que los ama, **pero ellos no quieren únicamente la teoría... ¡Necesitan vivir la experiencia!** Tampoco se trata de llevarlos al lugar donde te congregas para que un maestro o pastor les "enseñe" sobre Dios. Eso sería desplazar el compromiso de expresarle el amor de Dios a tu amigo, delegándolo en alguien más. La Biblia dice: *"Nuestra mejor carta son ustedes mismos. Esa carta está escrita en nuestro corazón y todo el mundo la conoce. Ustedes son una carta de Cristo escrita por nosotros, no con tinta sino con el Espíritu del Dios viviente; no fue labrada en piedra, sino en las tablas del corazón humano"* (2 Corintios 3:2-3).

Dios ama que seas parte de una comunidad junto a tus compañeros, maestros, vecinos del barrio e incluso los seguidores de tus redes sociales. Él desea que hagas amigos tal como lo hizo Jesús. De ese modo, todos podrán disfrutar de la vida de Cristo al relacionarse contigo. *¡Conviértete en la palabra viva de Dios, y sé Iglesia donde sea que estés!*

💬 **¡VIVE LA FE DE UNA FORMA TAN ESPECIAL QUE TODOS A TU ALREDEDOR PUEDAN EXPERIMENTARLA!**

CHAPTER 6

YOUR FAMILY

Your family is the first group you felt a part of since you were very young. They are the ones who care for you, love you, and teach you what life is all about. Your home can be the place where you laugh the most and cry the most, where you feel "at home" and can show yourself as you are, knowing that you will be accepted. During your childhood, your family members are the ones you spend most of your time with, and you need them to do just about everything. Later, however, in preadolescence, you begin to gain increasing independence. You can make some decisions on your own, you begin to take responsibility for the consequences of your actions, and you understand the active role you can play in your family.

△

CAPÍTULO 6
TU FAMILIA

Tu familia es el primer espacio del que te sientes parte desde que eres muy pequeño. Ellos son quienes te cuidan, te aman y te enseñan de qué se trata la vida. Tu hogar puede ser el lugar en el que más ríes y en el que más lloras, donde te sientes "en casa" y puedes mostrarte tal y como eres, sabiendo que serás aceptado. Durante tu niñez, tus familiares son con quienes pasas la mayor parte del tiempo, y los necesitas para hacer prácticamente todo. Sin embargo, más tarde, en la preadolescencia, empiezas a ganar una creciente autonomía. Ya puedes tomar algunas decisiones tú solo, comienzas a hacerte responsable por las consecuencias de tus actos y comprendes el rol activo que puedes tener en tu familia.

También a partir de la preadolescencia puedes preguntarte cosas que antes ni imaginabas: ¿qué tengo que ver yo con las cosas que me están pasando? ¿Cómo puedo hacer cambios en mi vida para ser la mejor versión de mí? Quizás antes creías que dependías mucho de tu familia (o de alguien más, como tus líderes o pastores) para relacionarte con Dios. ¡Pero ahora ya tienes claro que Jesús está disponible para relacionarse contigo de manera personal! Te animamos a descubrir, no solo cómo tu familia puede seguir acompañándote en esta etapa, sino cómo también puedes ser tú un ejemplo de fe para ellos.

Also, from preadolescence onward you can ask yourself questions you never imagined before: What do I have to do with the things that are happening to me? How can I make changes in my life to be the best version of me? Maybe before you thought you depended too much on your family (or someone else, like your leaders or pastors) to relate to God, but now it's clear to you that Jesus is available to relate to you personally! We encourage you to discover not only how your family can continue to accompany you at this stage, but also how you can be an example of faith for them.

△ THE LONE RANGER

✖ HAVE YOU EVER FELT LONELY? WE HAVE ALL FELT THAT WAY...

Have you ever heard of that character from the famous American series called *The Lone Ranger*? He was a man from the Old West who traveled in search of adventure, and his name means "forever alone." The most curious thing about this character is that he went everywhere with a friend! Yes, despite being the "lone ranger," this man knew that you can only win battles and experience great adventures if you are not alone. And just as in everyday life, we don't find lone rangers in the Bible either, because we were created to relate to others!

However, there are times when we feel a great loneliness.... **Has this ever happened to you?** Sometimes it seems as if faith is something that is lived individually: you and God, as if no one else existed. However, in the Bible we find that most of the times God speaks to people, He does not speak to one person in particular, but to a family, a Church, a generation, or a whole group of people. In fact, the times when he speaks to individuals (like the prophets), he does it so that they, in turn, can transmit the message to a group of people. In this way, you can see that God desires to relate to His children in community.

△

EL LLANERO SOLITARIO

¿TE HAS SENTIDO SOLO? TODOS LO HEMOS
EXPERIMENTADO...

¿Escuchaste hablar alguna vez de ese personaje de la
famosa serie estadounidense titulada "El llanero solitario"?
Era un hombre del viejo oeste que viajaba en busca de aventuras, y su nombre sería algo así como un *"forever alone"* de la
actualidad. Lo más curioso de este personaje es que ¡iba con
un amigo a todas partes! Sí, a pesar de ser el llanero "solitario",
este hombre sabía que únicamente se pueden ganar combates
y vivir grandes aventuras si uno va acompañado. Y así como en
la vida cotidiana, en la Biblia tampoco hallamos llaneros solitarios ¡porque fuimos creados para relacionarnos con los demás!

De todas formas, hay momentos en los que sentimos una
gran soledad... **¿te ha pasado alguna vez?** En ocasiones pare-
ciera como que la fe es algo que se vive de manera individual:
tú y Dios, como si no existiera nadie más. Sin embargo, en la
Biblia encontramos que la mayoría de las veces en las que Dios
les habla a las personas, no lo hace a una en particular sino que
se dirige a una familia, a una iglesia, a una generación o a todo
un pueblo. De hecho, las veces en que les habla a personas
solas (como a los profetas) lo hace para que ellos, a su vez,
transmitan el mensaje a un grupo de personas. De esta forma,
puedes darte cuenta de que Dios desea relacionarse con sus
hijos en comunidad. Incluso uno de los nombres con los que
se conoce a Jesús es *Emanuel*, que quiere decir *"Dios está con
nosotros"* (Mateo 1:23).

Entonces, ¿qué es una comunidad? Es simple: se trata de un
grupo de personas con algo en común (que puede ser desde
un equipo deportivo hasta el gusto por un grupo de música).
Los cristianos somos una comunidad porque compartimos la
fe en Cristo y el compromiso de amar a Dios y a los demás.

Even one of the names Jesus is known by is Immanuel, which means "God is with us" (Matthew 1:23).

So, what is a community? It's simple: it's a group of people with something in common (which can be anything from a sports team to liking a band). Christians are a community because we share faith in Christ and a commitment to love God and others. That unites us! **Can you see the love of Christ in those around you?**

Now think about the first community you were part of: your family. If you are a preteen, when your parents were born there was no such thing as social media, no posts, no selfies. In fact, many of them were the "lucky" ones who used the first cell phones that came on the market, which were bigger and heavier than a brick! Never in history has there been such a big change between the lifestyles of parents and children, from one generation to the next. The great thing? You get to enjoy fabulous inventions that were previously undreamed of. The bad thing? The adults in your family are not used to certain aspects of technology that are normal to you. That makes it harder to understand each other or share interests. **Can you understand them? Maybe they feel like lone rangers too?**

That's why we want to encourage you not to highlight the differences, but to be able to find what you have in common with your family. As a tween, you can do your part to build family unity every day! Here are some tips:

- **Remember that your family is also a neighbor to love.** *"Live in harmony with each another. Don't be too proud to enjoy the company of ordinary people. And don't think you know it all!"* (Romans 12:16).

- **Forgive and ask for forgiveness.** *"Be kind to each another, tenderhearted, forgiving one another, just as God through Christ has forgiven you"* (Ephesians 4:32).

¡Eso nos une! **¿Puedes reconocer el amor de Cristo entre quienes te rodean?**

Ahora reflexiona sobre la primera comunidad de la que fuiste parte: tu familia. Si eres preadolescente, cuando tus padres nacieron no existían las redes sociales, los posteos, ni las *selfies*. De hecho, muchos de ellos fueron los "privilegiados" que usaron los primeros celulares que salieron al mercado, ¡que eran más grandes y pesados que un ladrillo! Nunca antes en la historia se había dado un cambio tan grande entre el estilo de vida de padres e hijos, de una generación a la otra. ¿Lo genial? Tú puedes disfrutar de inventos fabulosos que antes ni se soñaban. ¿Lo malo? Los adultos de tu familia no están acostumbrados a ciertos aspectos de la tecnología que para ti son normales. Eso hace que sea más difícil entenderse entre sí o compartir intereses. **¿Puedes comprenderlos? Quizás ellos también se sienten como llaneros solitarios...**

Es por todo esto que queremos animarte a no resaltar las diferencias, sino a poder encontrar aquello que tienes en común con tu familia. ¡Como preadolescente, tú puedes hacer tu parte para construir todos los días la unidad familiar! Aquí van algunos consejos:

- **Recuerda que tu familia también es un prójimo al que amar.** *"Vivan en armonía unos con otros. No sean arrogantes... ¡y no se hagan como que lo saben todo!"* (Romanos 12:16).

- **Perdona y pide perdón.** *"... sean bondadosos entre ustedes, sean compasivos y perdónense las faltas los unos a los otros, de la misma manera que Dios los perdonó a ustedes por medio de Cristo"* (Efesios 4:32).

- **Deja que tus acciones hablen por ti.** *"... que nuestro amor no sea sólo de palabra ni de labios para afuera, sino que amemos de veras y demostrémoslo con hechos"* (1 Juan 3:18).

JUMP # CHAPTER 6 / YOUR FAMILY ✖

- **Let your actions speak for you.** *"Let's not merely say that we love each other; let us show the truth by our actions"* (1 John 3:18).

As much as you may feel like a lone ranger at times, never forget that you are part of a community that loves you: a family of relatives, a family of friends, and a family in faith!

> **YOU ARE A PART OF GOD'S FOREVER FAMILY.**

(IM)PERFECT FAMILIES

WHAT DO JESUS AND THE CHARACTERS IN THE CHRISTMAS MOVIE HOME ALONE HAVE IN COMMON?

At Christmastime, television is full of ads that show big happy families gathered to celebrate in front of a table full of delicious food. Every guest is smiling and well-dressed, and everyone is having fun together without any conflict.

You know how I (Nash) felt as a preteen when I saw those "perfect" families? I would compare them to mine and feel that there was something wrong with my home. Sometimes I would also compare myself to what I saw of other families at Church, and I believed that the only family with emotional, financial, or other problems was mine. But you know what? **No matter how hard you look and look, you won't find that "perfect" family anywhere in the Bible.** In fact, there are many examples that are more like a soap opera with lots of drama: a pair of siblings who suffer from parental favoritism and are at odds most of their lives (Genesis 25–33), a family that, after tragic deaths, is left with only a mother-in-law and daughter-in-law (Ruth 1), and, our favorite, a newborn who is adopted by his mother's boyfriend before they were married to become his earthly

△

Por más que puedas sentirte un llanero solitario a veces, nunca olvides que eres parte de una comunidad que te ama: una familia de parientes, una familia de amigos, ¡y una familia en la fe!

💬 DIOS ES PARTE DE TU FAMILIA PARA SIEMPRE.

FAMILIAS (IM)PERFECTAS

¿QUÉ TIENEN EN COMÚN JESÚS Y EL PROTAGONISTA DE LA PELÍCULA NAVIDEÑA "MI POBRE ANGELITO"?

En Navidad la televisión se llena de publicidades en donde una gran familia feliz se reúne a celebrar ante una mesa llena de comida deliciosa. Cada invitado está sonriente y bien vestido, y todos se divierten juntos sin ningún conflicto.

¿Sabes cómo me sentía yo de preadolescente (habla Nash) al ver esas familias "perfectas"? Las comparaba con la mía y sentía que había algo malo en mi hogar. A veces también me comparaba con lo que veía en otras familias de la congregación, y creía que la única familia con problemas emocionales, económicos o de otro tipo era la mía. ¿Pero sabes qué? **Por más que busques y busques, en la Biblia no encontrarás una familia como esas de las publicidades en ningún lado.** De hecho, hay muchos ejemplos que son más parecidos a una telenovela de melodramas: un par de hermanos que padecen el favoritismo de sus padres y están enemistados la mayor parte de sus vidas (Génesis 25-33), una familia que, luego de trágicos fallecimientos, queda compuesta solo por una suegra y su nuera (Rut 1) y, nuestro favorito, un recién nacido que es adoptado por el novio de su madre antes de que se casaran para convertirse en su padre terrenal (sí, nos referimos a Jesús, y puedes encontrar la historia de su nacimiento en el comienzo

father. (Yes, we are referring to Jesus, and you can find the story of His birth in the beginning of Matthew and Luke.) **Even Jesus had a family that would be considered "uncommon" by advertising standards!**

It is also interesting that the Bible records an argument Jesus had with His mother just when ... he was a preteen! Jesus had traveled with His entire family to a party in Jerusalem and, as was customary, they traveled with thousands of people. Look what happened in Luke 2:41–52:

"Every year Jesus' parents went to Jerusalem for the Passover festival. When Jesus was twelve years old, they attended the festival as usual. After the celebration was over, they started home to Nazareth, but Jesus stayed behind in Jerusalem. His parents didn't miss him at first, because they assumed he was among the other travelers. But when he didn't show up that evening, they started looking for him among their relatives and friends.

"When they couldn't find him, they went back to Jerusalem to search for him there. Three days later they finally discovered him in the Temple, sitting among the religious teachers, listening to them and asking questions. All who heard him were amazed at his understanding and his answers.

"His parents didn't know what to think. 'Son,' his mother said to him, 'why have you done this to us? Your father and I have been frantic, searching for you everywhere.' 'But why did you need to search?' he asked. 'Didn't you know that I must be in my Father's house?' ***But they didn't understand what he meant.*** *Then he returned to Nazareth with them and was obedient to them. And his mother stored all these things in her heart. Jesus grew in wisdom and in stature and in favor with God and all the people."*

Basically, and speaking of Christmas movies, it was like the Hebrew version of *Home Alone*—imagine what Mary and Joseph must have felt when Jesus was nowhere to be found!

de Mateo y Lucas). **¡Hasta Jesús tuvo una familia que sería considerada "poco común" según los estándares de las publicidades!**

Es interesante también que en la Biblia haya quedado registrado un entredicho que Jesús tuvo con su madre justo cuando... ¡era un preadolescente! Jesús había viajado con toda su familia a una fiesta en Jerusalén y, como era costumbre, viajaron en medio de miles de personas. Mira lo que sucedió en Lucas 2:41-52:

"Los padres de Jesús iban todos los años a Jerusalén para la fiesta de la Pascua. Cuando él cumplió doce años, fueron allá como era su costumbre. Al terminar la fiesta, se regresaron, pero el niño Jesús se quedó en Jerusalén sin que sus padres se dieran cuenta. Ellos caminaron todo un día pensando que Jesús iba entre los familiares y conocidos. Cuando lo buscaron y no lo encontraron, volvieron a Jerusalén para buscarlo. Después de tres días, lo encontraron en el templo, sentado entre los maestros de la ley, escuchándolos y haciéndoles preguntas. Todos los que lo oían se quedaban asombrados de su inteligencia y de sus respuestas. Cuando sus padres lo vieron, también se quedaron admirados.

Su madre le dijo: Hijo, ¿por qué nos has hecho esto? ¡Tu padre y yo te hemos estado buscando llenos de angustia!

Él le respondió: ¿Por qué me buscaban? ¿No sabían que tengo que estar en la casa de mi Padre?

Pero ellos no entendieron lo que él les quería decir. *Entonces Jesús volvió con sus padres a Nazaret y los obedecía en todo. Pero su madre guardaba todas estas cosas en el corazón. Jesús seguía creciendo en sabiduría y estatura, y gozaba más y más del favor de Dios y de la gente".*

Básicamente, y hablando de películas navideñas, fue como la versión hebrea de "Mi pobre angelito" (*Home Alone*). ¡Imagínate

Not only had they lost their son ... they had lost the one who was going to save mankind! Maybe they thought that if they didn't find him quickly, lightning would strike them from heaven or something. Haha!

Here is some food for thought:

- Even Jesus, as a preteen, felt at one point that His parents didn't understand Him.

- Sometimes parents don't know what to do either. They make mistakes just like everyone else.

- In spite of that, Jesus decided to be obedient to God and to His parents, and that allowed Him to mature.

- Remember: It's not about having the perfect family; it's about having faith in a God who is perfect!

GOD FULFILLS PERFECT PLANS WITH IMPERFECT FAMILIES.

RESCUE THE BEST

WHEN YOU LOOK AT YOUR FAMILY, DO YOU CHOOSE TO SEE THE GLASS HALF FULL OR HALF EMPTY?

In natural disaster or fire movies, there's a scene that always comes up again and again that makes me (Calo) think a lot. Before the whole house comes crashing down, the actor has a few seconds to choose one or two things to take with him as he runs away from the place. I always ask myself: If I were in the same situation, what would I rescue? What are the things I value the most?

Preadolescence can also be a disruption in your home. We don't want to deny or claim that it is an earthquake, but the fact that you are no longer a child and start thinking like a teenager

△

lo que habrán sentido María y José cuando no encontraban a Jesús por ninguna parte! No solo habían perdido a su hijo... ¡habían perdido a quien iba a salvar a la humanidad! Quizás pensaron que si no lo encontraban rápido les iba a caer un rayo del cielo o algo así, ¡ja!

Aquí te dejamos algunas ideas para reflexionar:

- Incluso Jesús, siendo preadolescente, sintió en un momento que sus padres no lo comprendían.

- A veces los padres tampoco saben qué hacer. Ellos se equivocan como cualquier persona.

- A pesar de eso, Jesús decidió ser obediente a Dios y a sus padres, y eso le permitió madurar.

- Recuerda: No se trata de tener la familia perfecta, ¡sino de tener fe en un Dios que sí lo es!

DIOS CUMPLE PLANES PERFECTOS CON FAMILIAS IMPERFECTAS.

RESCATA LO MEJOR

CUANDO MIRAS A TU FAMILIA, ¿ELIGES VER EL VASO MEDIO LLENO O MEDIO VACÍO?

En las películas de desastres naturales o de incendios, hay una escena que siempre se repite y que me hace pensar un montón (habla Calo). Antes de que toda la casa se venga abajo, el protagonista tiene unos pocos segundos para elegir una o dos cosas que se llevará consigo mientras escapa corriendo del lugar. Siempre me pregunto, si yo estuviera en esa misma situación: ¿qué rescataría? ¿Cuáles son las cosas que más valoro?

produces changes not only in you but in the way you relate to others. So the important question is this: **are you able to see or "rescue" the best of your family?** Even if the situation in your home does not change, seeing it from a positive point of view as Jesus does will make a difference in how you feel at home and how you relate to others. Here are three tips for this:

Learn. God always has something more to teach you. It's not like when you watch a movie for the second or third time and you know exactly what's going to happen. With God there's always going to be something new to discover! That's why the most dangerous thing you can do is to think you already know it all, because then you lose the ability to grow and be better. In your family there are people with more experience who can teach you from their mistakes and make your path easier. In fact, the biggest problems young people face come from not knowing how to manage their time, money, and sexual health. Discussing these issues with your family in an open and honest way will be a blessing for your life and your future! *"My child, don't reject the Lord's discipline, and don't be upset when he corrects you. For the Lord corrects whose he loves, just as a father corrects a child in whom he delights"* (Proverbs 3:11–12).

Start with yourself. This is a strong teaching from Jesus, but perhaps He should be a bit upset, not understanding why, when He came to show us forgiveness and love, people choose to judge each other: *"And why worry about a speck in your friend's eye when you have a log in your own? How can you think of saying, 'Friend, let me help you get rid of that speck in your eye,' when you can't see past the log in your own eye? Hypocrite! First get rid of the log in your own eye; then you will see well enough to deal with the speck in your friend's eye"* (Luke 6:41–42). In other words, before correcting others, it would be good if you would ask yourself what you should correct in yourself. When you don't like something, think: am I part of the problem, or can I be part of the solution? A good idea when

△

La preadolescencia también puede ser una revolución en tu hogar. No queremos negar ni afirmar que sea un terremoto, pero el hecho de que ya no seas un niño y empieces a pensar como un adolescente produce cambios, no solo en ti sino también en la forma en la que te relacionas con los demás. Por eso, la pregunta importante es esta: **¿eres capaz de "rescatar" lo mejor de tu familia?** Aunque la situación en tu hogar no cambie, verla desde un punto de vista positivo como lo hace Jesús marcará la diferencia sobre cómo te sientes en casa y cómo te relacionas con los demás. Te damos tres consejos para esto:

Aprende. Dios siempre tiene algo más para enseñarte. No es como cuando ves una película por segunda o tercera vez y ya sabes exactamente qué es lo que va a pasar. ¡Con Dios siempre va a haber algo nuevo por descubrir! Por eso, lo más peligroso que puedes hacer es creer que ya te las sabes todas, porque entonces pierdes la capacidad de crecer y ser mejor. En tu familia hay personas con más experiencia que pueden enseñarte de sus errores y hacerte el camino más fácil. De hecho, los problemas más grandes que enfrentan los jóvenes surgen por no saber cómo gestionar su tiempo, su dinero y su salud sexual. ¡Conversar sobre estos temas con tu familia desde un espíritu enseñable va a ser de bendición para tu vida y para tu futuro! *"Hijo mío, no desprecies la corrección del Señor, ni te enojes cuando te reprenda; pues el Señor corrige al que ama, así como el padre corrige al hijo que es su alegría"* (Proverbios 3:11-12).

Empieza por ti. Este es un mensaje un poco fuerte de Jesús; tal vez, estaría un poco indignado, sin entender por qué, siendo que Él vino a mostrarnos perdón y amor, las personas elegimos juzgarnos entre nosotras: *"¿Por qué te fijas en la paja que está en el ojo de tu hermano y no te fijas en la viga que tienes en el tuyo? ¿Cómo te atreves a decirle a tu hermano: '¿Hermano, déjame sacarte la paja que tienes en tu ojo', si tú no te das cuenta de la viga que tienes en el tuyo? ¡Hipócrita! Saca primero la viga que tienes en tu ojo, y entonces podrás ver con claridad para sacar*

you need to reconcile with your family is to start by accepting those things in you that still need to be improved!

Inspire your family. Society labels teenagers as those "missing something" or "suffering" in their development—imagine what they might think of a preteen, who isn't even a teenager yet! For that reason, you may often feel underestimated, but you know what? God sees you as you are! Even though you still have a lot of growing to do physically or mentally, spiritually you are complete in Christ and lack absolutely nothing (Colossians 2:10). From that fullness, you have much to offer your family: energy, optimism, renewed strength, creative proposals, affection. Your life can be an engine of joy and peace for your family! Remember this advice from Paul: *"Don't let anyone think less of you because you are young. Be an example to all believers in what you say, in the way you live, in your love, your faith, and your purity"* (1 Timothy 4:12).

VALUE THE BEST IN YOUR FAMILY!

GO TO THE NEXT LEVEL

IN YOUR LIFE THERE ARE BOUND TO BE CHALLENGES THAT SEEM IMPOSSIBLE. DO YOU KNOW THE SECRET TO OVERCOMING THEM?

Did you ever get stuck in a level of that online game you like so much? Or was it difficult to complete a task that seemed impossible? Or did you try to draw your favorite superhero or character, but the result looked more like the principal of your school on a bad day than him? Many times, you dream of massive goals, but when it comes to carrying them out ... you just don't achieve them.

Now, all of these challenges have the same solution: training. That's right! You're part of the generation that has access to

△

la paja del ojo de tu hermano" (Lucas 6:41-42). Dicho en otras palabras, antes de corregir a otros sería bueno que puedas preguntarte qué debes corregir primero en ti. Cuando algo no te agrade, piensa: ¿soy yo parte del problema, o puedo ser parte de la solución? ¡Una buena idea cuando necesites reconciliarte con tu familia es comenzar aceptando aquellas cosas en ti que aún deben mejorar!

Inspira a tu familia. La sociedad etiqueta a los adolescentes como aquellos "a los que les falta algo" o que están "sufriendo" su desarrollo. ¡Imagina lo que pueden pensar de un preadolescente, que ni siquiera llega a ser adolescente aún! Por ese motivo, muchas veces puedes sentirte subestimado. ¿Pero sabes qué? ¡Dios te ve pleno así como eres! Por más que aún te quede mucho por crecer física o cognitivamente, en lo espiritual estás completo en Cristo y no te falta absolutamente nada (Colosenses 2:10). Desde esa plenitud, tienes mucho para ofrecer a tu familia: energía, optimismo, fuerzas renovadas, propuestas creativas, cariño. ¡Tu vida puede ser un motor de alegría y paz para tu familia! Recuerda este consejo de Pablo: *"Que nadie te menosprecie por ser joven. Pero sé ejemplo de los fieles en la forma en que hablas y vives, en el amor, en la fe y en la pureza"* (1 Timoteo 4:12).

💬 **¡VALORA LO MEJOR DE TU FAMILIA!**

PASA AL PRÓXIMO NIVEL

EN TU VIDA SEGURO HAY DESAFÍOS QUE PARECEN IMPOSIBLES. ¿CONOCES EL SECRETO PARA SUPERARLOS?

¿Alguna vez te quedaste atascado en un nivel de ese juego online que tanto te gusta? ¿O tuviste dificultades para realizar una tarea que parecía imposible? ¿O intentaste dibujar a tu superhéroe o personaje favorito, pero al hacerlo el resultado

videos that explain EVERYTHING. In fact, it's very likely that if you give a preteen access to the Internet and the necessary materials, in a few hours they can build a spaceship. Ha!

However, **do you know the secret to really effective training?** Exactly! They must be taught by the top experts in the subject. For example, if you want to learn the latest choreography, your math teacher might not be the best choice. Can you imagine that? Sure, it would be fun to watch, but it wouldn't do you much good. Instead, looking for the best dance influencers on social media to teach you the choreography would be great—you can learn from them!

In the Bible we also find great examples where God used an experienced mentor to inspire and guide someone who wanted to "go to the next level":

- *Paul gives practical advice to a teenager named Timothy to become a mentor himself to new followers of Jesus* (1 Timothy 4:12–13).

- *Thanks to the guidance of her uncle Mordecai, a teenage girl named Esther goes on to become queen and save her people from certain death* (you can read the whole story in the book of Esther).

- *Jesus Himself builds trusting relationships with His teenage disciples to teach them, for example, how to forgive, a subject in which He is an expert* (Matthew 18:21–22).

So how do you find the right mentor to boost your faith?

- **It should be someone you admire, and who possesses some qualities you would like to have.** For example, if you want to have a wonderful girlfriend or wife in the future, you can ask for advice from a married couple who have a relationship like the one you dream of. Asking those who have already been

△

se parecía más a la directora de tu escuela en un mal día que a él? Muchas veces sueñas objetivos grandiosos, pero a la hora de llevarlos a cabo... simplemente no lo logras.

Ahora bien, todos estos desafíos tienen una misma solución: tutoriales. ¡Así es! Eres parte de la generación que tiene acceso a videos que te explican TODO. De hecho, es muy probable que si se deja a un preadolescente con acceso a internet y a los materiales necesarios, en unas horas pueda construir una nave espacial. ¡Ja!

Sin embargo, **¿conoces el secreto para que los tutoriales sean realmente efectivos?** ¡Exacto! Deben estar grabados por los referentes *top* en el tema a resolver. Por ejemplo, si lo que quieres es aprender la coreografía que está de moda, tu profesor de matemáticas tal vez no sea la mejor opción. ¿Puedes imaginártelo? Claro que sería divertido verlo, pero no te serviría de mucho. En cambio, buscar a los mejores *influencers* del baile en las redes sociales para que te enseñen la coreografía sería genial. ¡De ellos sí puedes aprender!

En la Biblia también encontramos grandes ejemplos en los que Dios utilizó un mentor experimentado para inspirar y orientar a alguien que deseaba "pasar al próximo nivel":

- *Pablo le da consejos prácticos a un adolescente llamado Timoteo para que él mismo se convierta en mentor de nuevos seguidores de Jesús* (1 Timoteo 4:12-13).

- *Gracias a la guía de su tío Mardoqueo, una adolescente llamada Ester llega a convertirse en reina y salvar a su pueblo de una muerte segura* (puedes leer toda la historia en el libro de Ester).

- *Jesús mismo construye relaciones de confianza con sus discípulos adolescentes para enseñarles, por ejemplo, cómo perdonar, un tema en el que Él es experto* (Mateo 18:21-22).

successful in the area you are interested in learning about will guarantee you better results.

- **It should be someone who has more experience than you.** Friends your age give you their opinions with the best of intentions. However, they have a similar point of view to yours because they are going through the same challenges. On the other hand, someone who has "moved on to the next level" can teach you not to make the same mistakes they have learned from.

- **It should be someone who loves God and lives a life of integrity.** The best mentor also has a mentor! Look for a humble person who enjoys growing in his or her spiritual life and continuing to learn. Someone who makes you feel confident, who will be patient with you in the process, and to whom you can tell what you are ashamed or afraid of, knowing that he or she will not judge you.

In the same way that training can help you to solve certain daily challenges, God puts specialists within your reach to guide you and advise you with wisdom in the different areas of life. You can find them in your family, in your faith community, or in your school. Count on them!

CONNECTING WITH A MENTOR IS A SECRET TO "MOVING TO THE NEXT LEVEL."

Entonces, ¿cómo encontrar al mentor adecuado para impulsar tu fe?

- **Debe ser alguien a quien admires, y que posea algunas cualidades que te gustaría tener.** Por ejemplo, si deseas tener un noviazgo maravilloso en el futuro, puedes pedirle consejo a un matrimonio que tenga una relación como la que tú sueñas. Consultar a quienes ya fueron exitosos en el área sobre la que te interesa aprender, te garantiza mejores resultados.

- **Debe ser alguien que tenga más experiencia que tú.** Los amigos de tu edad te dan sus opiniones con la mejor intención. Sin embargo, tienen un punto de vista similar al tuyo, porque se encuentran atravesando los mismos desafíos. En cambio, alguien que "ya pasó al próximo nivel" puede enseñarte a no cometer los mismos errores, de los que él ya aprendió.

- **Debe ser alguien que ame a Dios y tenga una vida íntegra.** ¡El mejor mentor también tiene un mentor! Fíjate que sea una persona humilde, que disfrute crecer en su vida espiritual y busque seguir aprendiendo. Alguien con quien te sientas en confianza, que te tenga paciencia en el proceso y a quien puedas contarle lo que te da vergüenza o temor, sabiendo que no te juzgará.

De la misma forma en que los tutoriales te salvan la vida para resolver ciertos desafíos cotidianos, Dios pone a tu alcance especialistas para orientarte y aconsejarte con sabiduría en las distintas áreas de la vida. Puedes encontrarlos en tu familia, en tu comunidad de fe o en tu escuela. ¡Cuenta con ellos!

RELACIONARTE CON UN MENTOR ES UN SECRETO PARA "PASAR AL PRÓXIMO NIVEL".

PART III: FLYING HIGHER

After preparing for takeoff and gaining momentum comes the most exciting part: when your feet finally leave the ground, and you start flying! That's what this third part of the book is all about. You're already in the air and then you stretch higher to reach the heavens. God says to you, *"For just as the heavens are higher than the earth, so my ways are higher than your ways and my thoughts higher than your thoughts"* (Isaiah 55:9). God wants you to reach further than you ever dreamed. Leap in faith and fly high!

PARTE III: VUELA ALTO

Luego de tomar impulso y ganar velocidad, llega la parte más emocionante: ¡cuando finalmente tus pies se despegan del suelo y comienzas a volar! De eso se trata esta tercera parte del libro. Ya estás en el aire y entonces te estiras hacia el cielo para alcanzar lo más alto. Dios te dice: *"Porque así como el cielo es más alto que la tierra, mi conducta y mis pensamientos son más elevados que los de ustedes"* (Isaías 55:9). Dios quiere que llegues más lejos de lo que jamás soñaste. ¡Salta con fe y vuela alto!

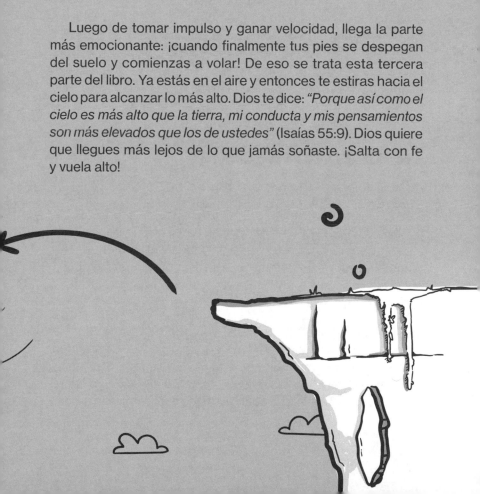

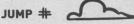

CHAPTER 7

BE THE ANSWER

As a preteen, you are full of questions. Why do bad things happen to good people? What will happen to me after I die? How do I know if I am doing the right thing? When you live a life of faith, God's Spirit answers each of your questions in a very unique way. As He teaches you, He brings peace to your heart, but He doesn't stop there. You know why? Because the people around you have questions too, and God wants to answer them through you!

GOD'S PURPOSE

DO YOU WANT TO KNOW GOD'S PURPOSE FOR YOUR LIFE? READ ON ... YOU WILL BE SURPRISED!

Would you ever think of charging a cell phone battery with a can opener? Opening your front door with a blender? Or quenching your thirst after a run with a jar of pepper? Probably not! This is because everything that exists was created for a specific purpose.

The same goes for our life. If you don't know the special purpose for which you were created, you may feel disoriented, as if you were riding a bicycle and you were asked to take a road—you don't know which one—to get to a place—you don't know where. You would probably waste your time going around

CAPÍTULO 7
SÉ LA RESPUESTA

Como preadolescente, estás lleno de preguntas. ¿Por qué les pasan cosas malas a personas buenas? ¿Qué ocurrirá conmigo después de la muerte? ¿Cómo saber si estoy haciendo lo correcto? Cuando vives una vida de fe, el espíritu de Dios responde de una forma muy singular a cada una de tus preguntas. Al enseñarte, trae paz a tu corazón, pero no se queda solamente con eso. ¿Sabes por qué? Porque las personas que te rodean también tienen preguntas. ¡Y Dios quiere responderlas a través tuyo!

in circles and getting tired. You would feel like you were doing a lot, but nothing important at the same time!

Now, here's the secret: Even though you're behind the wheel, you just need to activate the GPS and ask God: **Where do you want me to go?** You may not be able to see the exact destination now, but you will discover it along the way. It's a team effort! God is not going to do it all while you sit on your couch eating potato chips, and you won't be able to know how to advance toward your purpose without His guidance.

It's simple: God wants us to know His love and be able to express it to others. Don't give it another thought! Your purpose is great, and Jesus made it super clear: *"And you must love the Lord your God with all your heart, all your soul, all your mind, and all your strength"* (Mark 12:30). The fun part is finding specific ways you can fulfill this purpose! Here are some ideas for reflecting God's love in practical ways in your day-to-day life:

- **Heart.** You are passionate about drawing; you devote all your energy to it and with practice you become a talented artist. You upload your content to social networks, and you brighten the day of those who see it.

- **Soul.** In the middle of a birthday party, you set aside some time to listen to a friend's problem. You stop what you're doing to empathize with what she's feeling, and to comfort and encourage her.

- **Mind.** After school, you continue to practice equations and algorithms with dedication. You study hard until you qualify for the Math Olympics in your city.

- **Strength.** Your parents must work overtime while you are at home. You take advantage of the time to tidy the rooms and clean every corner, or to have dinner ready when they arrive.

EL PROPÓSITO DE DIOS

¿QUIERES CONOCER EL PROPÓSITO DE DIOS PARA TU VIDA? SIGUE LEYENDO... ¡TE VAS A SORPRENDER!

¿Se te ocurriría cargar la batería de un celular con un abrelatas? ¿Abrir la puerta de tu casa con una licuadora? ¿O saciar tu sed después de correr con un frasco de pimienta? ¡Seguramente no! Esto es porque todo lo que existe fue creado con un propósito específico.

Lo mismo pasa con nuestra vida. Si no conoces el propósito especial para el que fuiste creado puedes sentirte desorientado, como si anduvieras en bicicleta y te pidieran que tomes un camino –no sabes cuál– para llegar a un lugar –no sabes dónde. Probablemente perderías el tiempo girando en círculos, repitiendo situaciones y cansándote. ¡Sentirías, al mismo tiempo, que haces muchas cosas pero que ninguna de ellas es importante!

Ahora, este es el secreto: Si bien tú estás al volante, solo debes activar el GPS y preguntarle a Dios: **¿hacia dónde quieres que vaya?** Quizás no alcances a ver el punto de llegada en ese momento, pero en el camino lo irás descubriendo. ¡Es un trabajo en equipo! Ni Dios va a hacerlo todo mientras tú te quedas comiendo papas fritas en tu sillón, ni tú podrás saber cómo avanzar en ese propósito sin su guía.

Es simple: Dios quiere que conozcamos su amor y podamos expresarlo a los demás. ¡No des más vueltas! Tu propósito es grandioso y Jesús lo dejó súper claro: *"Ama al Señor tu Dios con todo tu corazón, con toda tu alma, con toda tu mente y con todas tus fuerzas"* (Marcos 12:30). ¡Lo más divertido es encontrar formas específicas en las que puedas cumplir ese propósito! Aquí te acercamos algunas ideas para reflejar el amor de Dios de forma práctica en tu día a día:

Did you think we were going to describe scenes like this? Surely not! When you think of THE purpose for your life, perhaps you imagine a transcendental or out of the ordinary event. Something like going to the moon or conquering Mars. The dangerous thing about those ideas is that they can make you believe that your life is "on pause" in the meantime. Then, you wait, missing out on the enjoyment of living IN that purpose. Many people spend their lives spinning their wheels without realizing that **connected to God we are an active part of His purpose, and every day is an opportunity to fulfill it!**

Every decision is an opportunity to do your best and reflect Christ to others! It doesn't matter if it's studying for an exam, taking care of your younger sibling, or playing with friends. By preparing with excellence and focusing the best of your being on it, you give the Holy Spirit access to affect people, places, and situations through you that otherwise—if you stayed in your chair—would not be affected.

> **EVERY DECISION IS AN OPPORTUNITY TO LIVE IN GOD'S PURPOSE.**

THE REFLECTION IN THE MIRROR

YOUR POSITIVE INFLUENCE ON THE WORLD IS LIMITED BY ONE PERSON; DO YOU KNOW WHO IT IS?

The world is full of problems: wars, hopelessness, hunger, loneliness, disease ... the list is endless! Imagine those needs as a huge, but empty, swimming pool. Now, think of God's love as a river of water that never stops flowing. The question is: how do you carry the water to the pool? What would you choose: a soda cap, a bucket, or a truck with a tank of thousands of gallons? It's obvious! The larger the means of transporting

- **Corazón.** *Te apasionas por el dibujo, le dedicas toda tu energía, y con la práctica te vuelves un artista talentoso. Subes tu contenido a las redes sociales y le mejoras el día a quien lo ve.*

- **Alma.** *En medio de una fiesta de cumpleaños, separas un rato para escuchar el problema de una amiga. Dejas lo que estás haciendo para empatizar con lo que siente, reconfortarla y animarla.*

- **Mente.** *Luego del colegio, sigues practicando ecuaciones y algoritmos con dedicación. Estudias con empeño hasta lograr clasificar en las Olimpíadas de Matemática de tu ciudad.*

- **Fuerzas.** *Tus padres deben trabajar horas extra mientras tú estás en casa. Aprovechas el tiempo para ordenar las habitaciones y limpiar cada rincón, o para tener la cena preparada cuando ellos lleguen.*

¿Suponías que íbamos a describirte escenas así? ¡Seguramente no! Y es que cuando piensas en EL propósito para tu vida, quizás imaginas un hecho trascendental o fuera de lo común. Algo así como ir a la Luna, o conquistar Marte. Lo peligroso de esas ideas es que pueden hacerte creer que tu vida está "en pausa" mientras tanto. Entonces, te quedas en un rol pasivo, perdiéndote el poder disfrutar de vivir EN ese propósito. Muchas personas se pasan la vida dando vueltas sin darse cuenta de que **conectados a Dios somos parte activa de Su propósito, ¡y cada día es una oportunidad para cumplirlo!**

¡Cada decisión es una oportunidad para dar lo mejor de ti y mostrar a Cristo a los demás! No importa si se trata de estudiar para un examen, cuidar a tu hermano menor o jugar con amigos. Al prepararte con excelencia y enfocar lo mejor de tu ser en eso, le das acceso al Espíritu Santo para influir por medio tuyo en personas, lugares y situaciones que de otra forma –si te quedaras en tu sillón– no se verían afectadas.

the water, the sooner the pool will be filled. (How exhausting it would be to try to use the small cap!)

Do you know the way that God chose to show His love to the world? It's you! And not just in your adult version, but right now, preteen. Out of all of creation, God wants you to be the one to express Christ to others. Don't limit it!

Jesus taught us that the most important thing after loving God is to love others as you love yourself (Matthew 22:39). This means that if you only love yourself a little, you will love little. If you love yourself a lot, you will love a lot. **Your capacity to love others depends on how much you love yourself.** If you take care of yourself, you will know how to take good care of your family. If you fulfill your responsibilities, you will be able to help your friends in theirs.

In John 6:1–13 we find an interesting story: One evening, a crowd following Jesus was hungry and far from any source of food. The need was great, so Jesus's friends recommended that He send them back to their homes. However, among all these people, a preteen boy generously offered Jesus everything he could lay his hands on: five loaves of bread and two fish. He didn't know what was about to happen, but Jesus prayed, and they multiplied so, so, so much that not only did they all eat, but there were many baskets of food left over. Wow, did you notice? Among those present were older, more skilled, and wealthy people. However, that brave preteen made all the difference!

Who do you see when you look in the mirror? Do you see what you lack, or all that God can do with who you already are? It's time to check if the value you place on yourself, and therefore your ability to love others, is the size of a soda cap, a bucket, or a big tank. But beware! Loving yourself is not about believing you are perfect or denying your mistakes, but about

△

> **CADA DECISIÓN ES UNA OPORTUNIDAD PARA VIVIR EN EL PROPÓSITO DE DIOS.**

EL REFLEJO EN EL ESPEJO

TU INFLUENCIA POSITIVA EN EL MUNDO ESTÁ LIMITADA POR UNA PERSONA. ¿SABES DE QUIÉN SE TRATA?

El mundo está lleno de problemas: guerras, desesperanza, hambre, soledad, enfermedad... ¡la lista es infinita! Imagina esas necesidades como una piscina de natación enorme, pero vacía. Ahora, piensa en el amor de Dios como un río de agua que no deja de fluir. El acertijo es: ¿cómo conducir el agua hasta la piscina? ¿Qué elegirías tú?: una tapita de gaseosa, un balde o un camión con un tanque de miles de litros. ¡Es obvio! Entre más grande sea el medio en que transportemos el agua, antes se llenará la pileta (¡qué agotador sería intentar usar la tapita!)

¿Sabes cuál es el medio que Dios eligió utilizar para llevar su amor al mundo? ¡Eres tú! Y no solo en tu versión adulta, sino ahora mismo, preadolescente. De toda la creación, Dios quiere que seas tú quien exprese a Cristo a los demás. ¡No lo limites!

Jesús nos enseñó que lo más importante luego de amar a Dios es amar a los demás como te amas a ti mismo (Mateo 22:39). Esto quiere decir que si te amas poco, podrás amar poco. Si te amas mucho, amarás mucho. **Tu capacidad de amar a los demás depende de cuánto te ames a ti mismo.** Si cuidas de ti, sabrás cuidar bien de tu familia. Si cumples tus responsabilidades, podrás ayudar a tus amigos en las suyas.

En Juan 6:1-13 encontramos una historia interesante: cierta tarde, una multitud que seguía a Jesús se encontraba hambrienta y lejos de cualquier fuente de alimentos. La necesidad era enorme, por lo que los amigos de Jesús le recomendaron que los enviara de vuelta a sus casas. Sin embargo, entre toda

having a correct image of who you are so you don't limit the ways in which your life can positively affect the lives of others.

- Think: How is your self-esteem? Are you able to see yourself as God sees you?

- Learn to see yourself as God sees you. You are loved (John 3:16), strong (Philippians 4:13), chosen (Ephesians 1:4), unique and valuable as a work of art (Ephesians 2:10), and a child of God (John 1:12).

- Make a list of each of your abilities and a list of all the resources available to you. When you run out of ideas, ask those who know you and you'll discover all the great things they see in you!

To realize what others only dream of, you need to value yourself, value what you have within your reach, and have faith to trust how Jesus will work through you.

> ## IF YOU LEARN TO SEE YOURSELF AS GOD SEES YOU, YOU WILL BE ABLE TO LOVE WITHOUT LIMITS.

BECOME THE ANSWER

WE PRAY IN FAITH KNOWING THAT GOD ANSWER,S... NOW, ARE YOU READY TO BE A PART OF THAT ANSWER?

I (Calo) will never forget what happened to my friend David. He told me that one of his friends came to his Church and was super anxious. He was agitated, sweating, and looked red as a tomato. His cell phone had been stolen a few streets back. Oh no! He knew he wouldn't be able to get another one for a long time. What would you have done?

esa gente, un preadolescente le ofreció a Jesús con generosidad todo lo que tenía a su alcance: cinco panes y dos peces. Él no sabía lo que estaba por ocurrir, pero Jesús oró y se multiplicaron tanto, tanto, tanto, que no solo comieron todos sino que también sobraron muchas canastas de comida. ¡Vaya! ¿Lo notaste? Entre los presentes había personas mayores, más habilidosas y adineradas. ¡Sin embargo, ese valiente preadolescente marcó la diferencia!

¿A quién ves cuando te miras al espejo? ¿Ves lo que te falta, o todo lo que Dios puede hacer con quién ya eres? Es hora de comprobar si el valor que te das a ti mismo y, por lo tanto, el de tu capacidad de amar a los demás, es del tamaño de una tapita de gaseosa, un balde o un gran tanque. ¡Pero atención! Amarte no se trata de creerte perfecto o de negar tus errores, sino de tener una imagen correcta de quién eres para no limitar las formas en que tu vida puede afectar positivamente la del resto.

- *Piensa: ¿Cómo está tu autoestima? ¿Logras verte como Dios te ve?*

- *Aprende a verte a ti mismo cómo Dios te ve. Eres: amado (Juan 3:16), fuerte (Filipenses 4:13), elegido (Efesios 1:4), único y valioso como una obra de arte (Efesios 2:10), ¡y un hijo de Dios! (Juan 1:12).*

- *Haz una lista con cada una de tus habilidades y otra con todos los recursos que tienes a tu alcance. Cuando se te acaben las ideas, pregúntale a quienes te conocen. ¡De paso descubrirás todo lo genial que ven en ti!*

Para hacer realidad lo que otros solo sueñan necesitas valorarte a ti mismo, valorar lo que tienes a tu alcance, y tener fe para confiar en cómo Jesús actuará a través tuyo.

💬❗ **SI APRENDES A VERTE COMO DIOS TE VE, PODRÁS AMAR SIN LÍMITES.**

Dave (that's what his friends call him), with his characteristic good vibes, was ready to hug him, calm him down, and pray for him to feel better. However, the Holy Spirit interrupted his thoughts: "What if instead of praying that he can have a new phone, you give him yours? It's very simple: you just take it out of your own pocket!" Eh... Many at the time would think: where's the button to "mute" these ideas from God? Fortunately, Dave loves to hear and obey. So, his friend experienced a miracle firsthand.

Pay attention to what the Bible teaches us about faith:

"What good is it, dear brothers and sisters, if you say you have faith but don't show it by your actions? Can that kind of faith save anyone? Suppose you see a brother or sister who has no food or clothing, and you say, 'Good-bye and have a good day; stay warm and eat well'—but then you don't give that person any food or clothing. What good does that do? So you see, faith by itself isn't enough. Unless it produces good deeds, it is dead and useless" (James 2:14–17).

Many times, we pray far-fetched prayers asking God for things, or expecting situations to change automatically. God makes it simpler than we think! Put your hand in your pocket and give him your phone. It's as easy as that! Of course, this doesn't mean that Dave goes around giving away every cell phone that comes into his life all the time, but it does mean that he has built a relationship with God deep enough to recognize His will and do what God wants at the time He wants it.

Faith combines two great components: prayer and action. Jesus had it right! He prayed for food and shared it with others. He prayed for the lives of those in need and worked miracles to heal them completely. He prayed and acted. He asked God, and He was also part of the answer.

Have you ever thought of yourself as an instrument that God wants to use to be the answer to other people's

CONVIÉRTETE EN LA RESPUESTA

ORAMOS CON FE SABIENDO QUE DIOS RESPONDE...
AHORA, ¿TE ANIMAS A SER PARTE DE ESA RESPUESTA?

¡Jamás olvidaré (habla Calo) lo que le ocurrió a mi amigo David! Me contó que uno de sus conocidos llegó al auditorio de su congregación súper angustiado. Estaba agitado, transpiraba y se veía rojo como un tomate. Unas calles atrás le habían robado su teléfono celular. ¡Oh, no! Sabía que por mucho tiempo no podría conseguir otro. ¿Tú qué hubieras hecho?

El Dave (así lo llamamos entre amigos), con la buena onda que lo caracteriza, estaba preparado para abrazarlo, calmarlo y orar por él para que se sintiera mejor. Sin embargo, el Espíritu Santo interrumpió sus pensamientos: *"¿Y si en vez de orar para que pueda tener un teléfono nuevo, le das el tuyo? ¡Es muy sencillo: solo tienes que sacarlo de tu propio bolsillo!"*. Eh... muchos en ese momento pensarían: ¿dónde está el botón para "silenciar" estas ideas de Dios? Afortunadamente, al *Dave* le encanta escucharlo y obedecerlo. Así, su amigo experimentó un milagro en primera persona.

Presta atención a lo que la Biblia nos enseña sobre la fe:

"Hermanos míos, ¿de qué le sirve a uno decir que tiene fe si no lo demuestra con sus acciones? ¿Acaso podrá salvarlo esa fe? Por ejemplo: un hermano o una hermana no tiene ropa para vestirse y tampoco tiene el alimento necesario para cada día. Si uno de ustedes le dice: «Que te vaya bien, abrígate y come todo lo que quieras», pero no le da lo que necesita su cuerpo, ¿de qué le sirve? Así pasa también con la fe: por sí sola, sin acciones, está muerta" (Santiago 2:14-17).

Muchas veces hacemos oraciones rebuscadas pidiéndole cosas a Dios, o esperando que las situaciones cambien automáticamente. ¡Dios lo hace más sencillo de lo que pensamos!

prayers? God can do wonderful miracles all by Himself—what a privilege it is to want to make you a part of it! Here are some ideas:

- *Reflect again on the above verses from the book of James. What do you think about them? How can you show your faith today with actions?*

- *When praying for food, we often ask God to "...and give food to those in need." How about changing that to: "...and give us the courage to bring food to those in need"? You're sure to be encouraged to share your sandwich more often, help people on the street, or collect donations to support families in need.*

- *Actively ask your friends and family if they have prayer requests and write them down in a sheet or in your tablet. Pray for them, but also ask God for creativity to discover how you can be part of the answer.*

> ### SHOW YOUR FAITH WITH ACTION BY BECOMING THE ANSWER TO THE PRAYERS OF OTHERS.

GETTING "LIKES"

WE LOVE TO GET A LOT OF "LIKES" ON SOCIAL MEDIA, BUT WHAT DOES JESUS "LIKE"?

A few years ago a pre-teen asked me (Calo) if he could go to a recital. His father had given him permission, but he told him he wanted to know the opinion of his pastors first. I like recitals, so I thought it was a great idea. However, God led me to ask him, "Why do you want to go there?" After a while, he concluded that it wasn't about going to enjoy the recital, but the fact that one of his older cousins wanted to go and wasn't

"Mete tu mano en el bolsillo y dale tu teléfono". ¡Así de fácil! Claro que esto no quiere decir que *el Dave* ande regalando todo el tiempo cada celular que llega a su vida, sino que él ha construido una relación con Dios lo suficientemente profunda como para reconocer su voluntad y hacer lo que Dios quiere en el momento que lo quiere.

La fe combina dos componentes geniales: oración y acción. ¡Jesús lo tenía claro! Él oraba por los alimentos y los compartía con los demás. Oraba por la vida de los necesitados y hacía milagros para sanarlos por completo. Él oraba y accionaba. Le pedía a Dios y era también parte de la respuesta.

¿Alguna vez pensaste en ti mismo como un instrumento que Dios quiere utilizar para ser la respuesta a las oraciones de otras personas? Dios puede hacer milagros maravillosos él solo. ¡Qué privilegio es que quiera hacerte parte! Aquí tienes algunas ideas:

- *Vuelve a reflexionar sobre los versículos anteriores del libro de Santiago. ¿Qué piensas al respecto? ¿Cómo puedes hoy mostrar tu fe con acciones?*

- *Al orar por los alimentos, solemos pedir a Dios "...y dale comida a aquellos que lo necesitan". ¿Qué tal cambiar eso por: "...y danos la valentía para llevarle comida a quienes lo necesitan"? Seguro vas a animarte a compartir tu sándwich más seguido, a colaborar con personas en situación de calle, o a juntar donaciones en apoyo a familias que lo necesitan.*

- *Pregunta activamente a tus amigos y familiares si tienen motivos de oración, y anótalos en un papel o en tu tableta. Ora por ellos, pero también pídele creatividad a Dios para descubrir cómo puedes ser tú parte de la respuesta.*

allowed to, and so he wanted to rub it in his face. Ha! Interesting motivation, isn't it?

Remember this: There are two questions that should guide your life. The first is: what do I want to do? Sometimes at first glance it's easy to differentiate the "bad" from the "good." However, the second question goes deeper: why do I want to do it? Most things are not "wrong" or "right" in themselves but depend on the attitude or motivation with which we do them.

In the Bible we find the following teaching of Jesus: *"When you pray, don't be like the hypocrites who love to pray publicly on street corners and in the synagogues where everyone can see them. I tell you the truth, that is all the reward they will ever get. But when you pray, go away by yourself, shut the door behind you, and pray to your Father in private. Then your Father, who sees everything, will reward you"* (Matthew 6:5–6).

When are you a hypocrite? When you fake an attitude that is contrary to your true motivation. The people in the biblical example were more concerned with "getting likes" from people than connecting with God. It's like you uploading verses to social media just to appear "more spiritual" to others. Doing the "right" thing with the "wrong" motivation doesn't make sense to Jesus. Being attentive to the motivations behind our behaviors is crucial to enjoying genuine faith!

In your grandparents' day, photos served as a memento of an experience. Now it's the other way around: we create experiences for the purpose of taking the photo! Many people buy a certain flavor of ice cream or wear certain clothes because it will look cool on social media. And maybe it's not a big deal if it's a dessert or a shirt, but we want to encourage you that your faith isn't limited to just being "an experience" that you can show off.

Nazareno is great. He loves baseball and has the most enormous hands and feet I've ever seen. Seriously, I think he's

> ## DEMUESTRAS TU FE CON ACCIONES AL CONVERTIRTE EN LA RESPUESTA A LAS ORACIONES DE LOS DEMÁS.

SUMA "LIKES"

NOS ENCANTA SUMAR MUCHOS "ME GUSTA" EN LAS REDES, PERO ¿A QUÉ "LE DA LIKE" JESÚS?

Hace unos años (habla Calo) un preadolescente me preguntó si podía ir a un recital. Su padre le había dado permiso, pero le dijo que antes quería conocer la opinión de sus pastores. A mí me gustan los recitales, así que me pareció una idea genial. Sin embargo, Dios me llevó a preguntarle: "¿Por qué quieres ir allí?". Luego de un rato, él solito llegó a la conclusión de que no se trataba de ir a disfrutar el recital, sino de que uno de sus primos mayores quería ir y no se lo permitieron, y entonces quería presumirlo en su cara. ¡Ja! Interesante motivación, ¿verdad?

Recuerda esto: Hay dos preguntas que deben guiar tu vida. La primera es: ¿qué quiero hacer? A veces, a simple vista es fácil diferenciar lo "malo" de lo "bueno". Sin embargo, la segunda pregunta va más profundo: ¿por qué lo quiero hacer? La mayoría de las cosas no están "mal" o "bien" en sí *mismas, sino* que dependen de la actitud o de la motivación con que las hagamos.

En la Biblia encontramos la siguiente enseñanza de Jesús: *"Y cuando oren, no hagan como hacen los hipócritas, que oran de pie en las esquinas y en los lugares públicos para que todo el mundo los vea. Les aseguro que aparte de eso, no tendrán más recompensa. Pero cuando ustedes oren, háganlo a solas, a puerta cerrada; y el Padre de ustedes, que conoce todos los secretos, los recompensará"* (Mateo 6:5-6).

been a size 13 forever. One day when he was a preteen, his school principal called his mother. Nothing good could come of that, right? His mother, Andrea, prepared herself for the worst. What happened? Did he fail a grade, cheat on a test, forget his deodorant? No, it was nothing like that. The principal told him that for months, during lunchtime, he had been encouraging his friends to separate food to take it to people who lived on the street near the school. The teachers didn't know, his parents didn't know, not even his leaders or pastors knew. He did it because that's who he is, and that's his unique way of loving God and people. Nazareno is an example of faith in action!

- Before making any decision, reflect: what is the motivation behind what you want to do?

THE RIGHT MOTIVATION BEHIND YOUR ACTIONS GETS ALL THE "LIKES" FROM JESUS.

¿Cuándo eres hipócrita? Cuando finges una apariencia contraria a tu verdadera motivación. Las personas del ejemplo bíblico estaban más preocupadas en "recibir *likes*" de la gente que en conectar con Dios. Es como si tú subieras versículos a las redes sociales solo para mostrarte 'más espiritual' ante los demás. Hacer lo "correcto" con la motivación "incorrecta", no tiene sentido para Jesús. ¡Estar atentos al porqué de nuestras conductas es crucial para disfrutar de una fe genuina!

En la época de tus abuelos, las fotos servían como recuerdo de una experiencia. ¡Ahora es al revés: creamos las experiencias con el propósito de sacar la foto! Muchas personas compran cierto gusto de helado o usan determinada ropa porque se verá genial en las redes sociales. Y tal vez no sea grave si se trata de un postre o una camisa, pero queremos animarte a que tu fe no se limite a ser solamente "una experiencia" para mostrar.

Nazareno es genial. Ama el baseball, y tiene las manos y pies más enormes que jamás haya visto. En serio, creo que calza talle 45 desde siempre. Un día, cuando era preadolescente, la directora de su colegio llamó a su madre. Nada bueno puede salir de eso, ¿no? Andrea se preparó para lo peor. ¿Qué habrá pasado? ¿Repitió de año, se copió en un examen, olvidó su desodorante...? No, no era nada de eso. La directora le contó que desde hacía meses, durante el horario del almuerzo, él animaba a sus amigos a separar comida para llevársela a personas que vivían en la calle cerca del colegio. Los profesores no lo sabían, sus padres tampoco, ni siquiera sus líderes o pastores. Él lo hacía porque así es él, y esa es su singular manera de amar a Dios y a las personas. ¡Nazareno es un ejemplo de fe en acción!

• Antes de tomar cualquier decisión, reflexiona: ¿cuál es la motivación detrás de lo que quieres hacer?

LA MOTIVACIÓN CORRECTA DETRÁS DE TUS ACCIONES SE LLEVA TODOS LOS "LIKES" DE JESÚS.

CHAPTER 8

BE THE CHURCH

Have you ever seen a mosaic mural? It's a huge work of art made up of tiny little pieces of ceramic. If you look closely at each mosaic, you'll notice that they are irregularly cut, and they are so different that you won't find two alike. It's the same with people: we are diverse, singular, and unique. The Church is like a beautiful mosaic mural! And within it, there is one part that is especially beautiful: the one composed of preteens experiencing faith at your age. It's a perfect work of art!

CAPÍTULO 8

SÉ IGLESIA

¿Alguna vez viste un mural de mosaicos? Es una obra de arte enorme compuesta por pequeñísimos pedacitos de cerámica. Si miras de cerca cada mosaico, notarás que están cortados de forma irregular, y son tan diferentes que no encontrarás dos iguales. Lo mismo ocurre con las personas: somos diversas, singulares y únicas. ¡La Iglesia es como un hermoso mural de mosaicos! Y dentro de ella, hay una parte que es especialmente bella: la compuesta por los preadolescentes que experimentan la fe a tu edad. ¡Es una obra de arte perfecta!

PELIGRO, IGLESIA

UNA IDEA EQUIVOCADA SOBRE LO QUE ES LA IGLESIA TE METE EN TERRENOS PELIGROSOS. ¿CÓMO SALIR ILESO?

Luego de que Jesús murió en la cruz por nuestros pecados, el objetivo fue claro: ¡había que compartir la buena noticia del regalo de salvación con todo el mundo! De hecho, eso significa la palabra "evangelio": buena noticia. Ahora bien, con ese mismo fin, Dios podría haber hecho hablar a los animales, podría haber grabado videos informativos o podría haber repartido en cada continente robots angelicales que enseñaran de Él. Está bien, tal vez estas ideas sean demasiado alocadas, pero lo que sí es cierto es que entre las infinitas posibilidades que tenía, Dios eligió usarte a ti para relacionarte con las personas y así darles a conocer a Cristo a través de tu vida.

DANGER, CHURCH

MISUNDERSTANDING WHAT THE CHURCH IS GETS YOU
INTO DANGEROUS TERRITORY. HOW DO YOU GET OUT OF IT
UNHURT?

After Jesus died on the cross for our sins, the goal was clear:
the good news of the gift of salvation was to be shared with the
whole world! In fact, that is what the word "gospel" means: good
news. Now, to accomplish this, God could have made animals
talk, He could have recorded informational videos, or He could
have sent angelic robots to every continent to teach about Him.
Okay, maybe these ideas are a bit crazy, but what is true is that
among the infinite possibilities He had, God chose to use you to
meet people and let them know about Christ through your life.

What is the Church to you? Answering this question can be
a bit confusing, because with the same word we usually refer
to different things:

- **A temple or building.** This is a space "you go to"
  every so often. DANGER! That idea limits God to
  being enclosed within four walls and suggests that
  there are incredible moments (learning more about
  the faith, giving generously, praying with friends)
  that can only be experienced there. And, this view of
  Church leads you to behave a certain way when you
  are there, and a different way when you are outside.
  Beware of this definition of Church!

- **A group of people**. It is the group of those who share
  our faith: a big family connected to God and to each
  other. This definition sounds much better, doesn't it?
  Notice that it has nothing to do with a place, but with
  your identity as a child of God. So, wherever you are,
  you are Church! (However, DANGER again! Thinking
  that you are part of a select group of people who

△

¿Qué es la Iglesia para ti? Responder esta pregunta puede ser un poco confuso porque con una misma palabra solemos referirnos a cosas diferentes:

- **Un templo o edificio.** Este es un espacio "al que vas" cada cierto tiempo. ¡PELIGRO! Esa idea limita a Dios a estar encerrado dentro de cuatro paredes, y sugiere que hay momentos maravillosos (aprender más sobre la fe, dar con generosidad, orar entre amigos) que únicamente se pueden experimentar allí. Además, esta visión de la Iglesia te lleva a comportarte de cierta manera cuando estás ahí y de otra distinta cuando estás fuera. ¡Ten cuidado con esta definición de Iglesia!

- **Un grupo de personas.** Se trata del conjunto de aquellos comparten la fe: una gran familia conectada con Dios y entre sí. Esta definición suena mucho mejor, ¿verdad? Fíjate que no tiene que ver con un lugar, sino con tu identidad como Hijo de Dios. Así, donde sea que estés, ¡eres Iglesia! (sin embargo, ¡PELIGRO otra vez! Pensar que eres parte de un selecto grupo de personas que jamás cometen equivocaciones ni tienen diferencias es otro terreno resbaladizo que es mejor evitar).

En la Biblia descubrimos lo que Jesús les dijo a sus discípulos (a ese grupo de amigos que lo seguían y aprendían de él) justo antes de ser capturado (ten en cuenta que cuando alguien está a punto de morir aprovecha cada segundo para las cosas que considera más importantes). Él les dijo: "*Les doy este mandamiento nuevo: que se amen unos a otros. Así como yo los amo, ustedes deben amarse unos a otros. Si se aman unos a otros, todos se darán cuenta de que son mis discípulos*" (Juan 13:34-35).

¿Cómo amaba Jesús? En lo pequeño (a sus discípulos) y en lo enorme (muriendo por toda la humanidad). Como Iglesia,

never make mistakes or have differences is another slippery slope that you need to avoid.)

In the Bible we discover what Jesus said to His disciples (to that group of friends who were following Him and learning from Him) just before He was captured. (Keep in mind that when someone is about to die, he takes advantage of every second for the things he considers most important.) Jesus said to them, *"So now I am giving you a new commandment: Love one another. Just as I have loved you, you should love each other. Your love for one another will prove to the world that you are my disciples"* (John 13:34–35).

How did Jesus love? In small ways (His disciples) and in a huge way (dying for all mankind). As a Church we often want to shake the world, and that is fine, but we must be careful because it can make us proud, whereas Jesus was humble of heart. Let us focus on what is within our reach: to love one another. It is not easy, but it is the way for everyone to see that we are followers of Jesus.

"Therefore, whenever we have the opportunity, we should do good to everyone—especially to those in the family of faith" (Galatians 6:10). There are no perfect congregations, for the simple reason that they are made up of real people. But it's nice to think of ours as a family, with differences, but where we can be honest about our mistakes, challenge each other to be better, and love each other regardless. This is great training for expressing Christ everywhere!

Some ideas you may find helpful:

- Every time you want to say, "I go to such-and-such Church" referring to a place, change it to "auditorium" or "sanctuary," and think of your community or congregation, to remember that the Church is much more than a place.

muchas veces queremos impactar al mundo, y eso está bien, pero debemos tener cuidado porque nos puede volver soberbios, cuando Jesús fue humilde de corazón. Enfoquémonos en lo que está a nuestro alcance: amarnos entre nosotros. No es fácil, pero es el camino para que todo el mundo vea que somos seguidores de Jesús.

"Por lo tanto, hagamos el bien a todos cada vez que se presente la oportunidad, y especialmente a los que, por la fe, son de la familia" (Gálatas 6:10). No hay congregaciones perfectas, por la sencilla razón de que están formadas por personas reales. Pero es lindo pensar en la nuestra como una familia, con diferencias, pero en la que podemos ser sinceros sobre nuestras equivocaciones, desafiarnos a ser mejores y amarnos a pesar de todo. ¡Este es un gran entrenamiento para expresar a Cristo en todas partes!

Algunas ideas que pueden servirte:

• Cada vez que quieras decir "voy a tal iglesia", refiriéndote a un lugar, cámbialo por "auditorio" o "salón de reuniones", y piensa en tu comunidad o congregación para recordar que la Iglesia es mucho más que eso.

• *Ora por tu congregación local y piensa en formas creativas con las que puedas hacer sentir especiales a las personas que la conforman. Anota en una hoja o en tu tableta dos o tres ejemplos para ponerlos en práctica durante las próximas semanas.*

LA IGLESIA ESTÁ FORMADA POR PERSONAS IMPERFECTAS ENTRENÁNDOSE PARA AMAR COMO JESÚS.

- Pray for your local congregation and think of creative ways you can make the people in it feel special. Write down two or three examples in a sheet or in your tablet to put into practice over the next few weeks.

> ## THE CHURCH IS MADE UP OF IMPERFECT PEOPLE TRAINING TO LOVE LIKE JESUS.

SCARS

DID JESUS GET ANGRY? OF COURSE, HE DID!

Imagine you like someone, but you've never had the courage to talk to them. Suddenly, one of your friends wants to introduce them to you. They approach you ... and you feel like your heart is going to explode! What will you say? "Hi, my name is (insert your cool nickname here), my breath is terrible in the morning, I bite my nails, and I'm terrified of spiders." Of course not! As true as all of this is, it's surely not the first impression you want to make.

We all have weaknesses that embarrass us, and it's natural not to want to broadcast them for the whole world to see. No one is free of problems, trauma, or bad habits. However, Jesus, even after being resurrected and with a renewed body, chose to show His friends the scars on His hands and feet from being pierced by nails on the cross (John 20:24–29). Those marks could have been a reminder of how they humiliated and laughed at Him, but He made them a symbol to be proud of.

Why choose to expose the worst of yourself? In the Bible we read about Paul, and we see that the Holy Spirit uses him so much to work wonders that he runs the risk of thinking he is better than others. Because of this, God allows something

CICATRICES

¿JESÚS SE ENOJABA? ¡CLARO QUE SÍ!

Imagina que te gusta alguien pero jamás te animaste a hablarle. De repente, uno de tus amigos quiere presentarlos. Se acerca hacia ti... ¡y sientes que el corazón te va a explotar! ¿Qué dirás? "Hola, me llamo (inserta aquí tu apodo *cool*), mi aliento es terrible en la mañana, muerdo mis uñas, y salgo corriendo si veo una cucaracha voladora". ¡Claro que no! Por más cierto que sea todo esto, seguramente no sea esa la primera impresión que quieras dar.

Todos tenemos debilidades que nos avergüenzan, y es natural no querer poner un letrero luminoso para que el mundo entero las vea. Nadie está libre de problemas de carácter, traumas o malos hábitos. Sin embargo Jesús, aun luego de resucitar con un cuerpo renovado eligió mostrarles a sus amigos las cicatrices en sus manos y pies por haber sido atravesados por clavos en la cruz (Juan 20:24-29). Esas marcas podrían haber sido un recordatorio de cómo lo humillaron y se rieron de él, pero las convirtió en un símbolo del que estar orgulloso.

¿Por qué elegir exponer lo peor de ti? En la Biblia conocemos a Pablo, y vemos que el Espíritu Santo lo usa de tal manera para hacer maravillas que corre el riesgo de creerse mejor que los demás. Por eso, Dios permite algo malo en él que le causa muchísima molestia (puedes leer la historia en 2 Corintios 12:7-10). ¡Lo desespera! Sin embargo, Dios no se lo quita: "...'Debe bastarte mi amor. Mi poder se manifiesta más cuando la gente es débil'". Y Pablo comprende: "...Por eso, de muy buena gana me siento orgulloso de mis debilidades; gracias a ellas, se muestra en mí el poder de Cristo... En efecto, cuando soy débil, entonces soy fuerte".

bad to happen to him that causes him a great deal of discomfort. (You can read the story in 2 Corinthians 12:7–10.) It makes him desperate! However, God does not take it away from him: *"'My grace is all you need. My power works best in weakness.'"* And Paul understands: *"So now I am glad to boast about my weakness, so that the power of Christ can work through me.... For when I am weak, then I am strong."*

In the Bible we also read that Peter, one of Jesus's best friends, was angry. He had a bad temper, was impulsive, and used to speak without thinking. He even went so far as to cut off a person's ear. It's a good thing that Jesus was there to stick it back on the side of his head! (Luke 22:49–51). Yet it was that same strength and passion that led Peter to influence thousands of people who would become the first Christians in history. When you show your weakness, you allow the Holy Spirit to do great things through it!

In contrast, the Pharisees really frustrated Jesus. They were a bunch of religious people who knew all the "rules" of the faith, but without living it. Sure, obey them, do what they say, but don't even think of doing what they do! *"For the don't practice what they teach. They crush people with unbearable religious demands and never lift a finger to ease the burden"* (Matthew 23:3–4).

When you were a child, you probably didn't notice it, but now as a preteen you will begin to see that, like the Pharisees, we adults and the imperfect people who make up the Church live in great contradictions. Why do we say so much about what "should be done" instead of just doing it? Why do we make so many promises and then fail to keep our word? Why do we judge the world instead of loving it?

Religiosity leads you to see the worst in others and only the best in yourself. Jesus encourages you to do the opposite: he invites you to show your scars.

En la Biblia también leemos que Pedro, uno de los mejores amigos de Jesús, era enojón. Tenía mal genio, era impulsivo y solía hablar sin pensar. Incluso llegó a cortarle la oreja a una persona. ¡Qué suerte que justo estaba Jesús allí para pegársela de nuevo en la cabeza! (Lucas 22:49-51). Sin embargo, esa misma fuerza y pasión fueron las que llevaron a Pedro a influenciar a miles de personas que se convertirían en los primeros cristianos de la Historia. ¡Cuando expones tu debilidad, permites que el Espíritu Santo haga grandes cosas a través de ella!

Por el contrario, los fariseos realmente exasperaban a Jesús. Eran un grupo de religiosos que se sabían toda la "teoría" de la fe, pero sin vivirla. *"Claro, obedézcanlos. ¡Hagan lo que dicen, pero no se les ocurra hacer lo que ellos hacen! Porque ellos mismos no hacen lo que dicen que se debe hacer. Recargan a la gente de mandamientos que ni ellos mismos intentan cumplir"* (Mateo 23:3-4).

Cuando eras niño seguramente no lo notabas, pero ahora como preadolescente comenzarás a ver que, al igual que los fariseos, los adultos y las personas imperfectas que conformamos la Iglesia vivimos grandes contradicciones ¿Por qué decimos tanto lo que "hay que hacer" en lugar de hacerlo directamente? ¿Por qué hacemos tantas promesas y luego no cumplimos nuestra palabra? ¿Por qué juzgamos al mundo en vez de amarlo?

La religiosidad te lleva a ver lo peor en los demás y solo lo mejor en ti mismo. Jesús te anima a hacer lo contrario: te invita a mostrar tus cicatrices.

- Busca Mateo 23:1-36 y lee la historia de una ocasión en la que Jesús también se enojó ¡y mucho!
- Ora para que Dios te dé la valentía de exponer tus debilidades y fortalecer tu fe.

- Look up Matthew 23:1–36 and read the story of an occasion when Jesus also got angry. Very angry!
- Pray that God will give you the courage to expose your weaknesses and strengthen your faith.

FAITH LEADS YOU TO SEE YOUR MISTAKES TO CORRECT THEM AND TO SEE THE BEST IN OTHERS TO ENCOURAGE THEM.

TREATS

HOW IS THE CHURCH LIKE A BOX OF CHOCOLATES? THIS WILL MAKE YOU HUNGRY!

I (Calo) love sweets! A crunchy cookie, some marshmallows for melting, a tasty scoop of ice cream, a pack of sugary gummies... What's your favorite? Mmmm...my mouth is watering! But what about the wrapper? Well, either you throw it in the trash can or it gets lost in your pocket.

Like candy, your value has nothing to do with what is external (your body, what you have, or where you live). Your value is that Jesus died, rose again, and now lives in you! Accepting that you are loved just as you are requires faith. Your body is constantly changing: your appearance, your tastes, how you feel, the way you dress. However, what's inside remains the same!

So, it doesn't matter that you're not an adult, that you don't have a position at your local Church, or that your story is full of ups and downs. The great characters of the Bible were more like you than you think! So stop focusing on appearances. **Can you recognize Jesus in the way you are?** God longs to see His Son in you!

△

> **LA FE TE LLEVA A VER TUS ERRORES PARA CORREGIRLOS, Y A VER LO MEJOR EN LOS DEMÁS PARA ALENTARLOS.**

GOLOSINAS

¿EN QUÉ SE PARECE LA IGLESIA A UNA CAJA DE BOMBONES? ¡LO QUE SIGUE TE ABRIRÁ EL APETITO!

¡Amo lo dulce! (habla Calo). Una galleta crujiente, unos malvaviscos para derretir, un sabroso helado, un paquete de gomitas azucaradas... ¿cuál es tu favorito? ¡Mmmm... se me hace agua la boca! Pero, ¿y qué pasa con su envoltorio? Bueno, en el mejor de los casos lo tiras al cesto de basura, o queda perdido en tu bolsillo.

Al igual que las golosinas, tu valor no tiene que ver con lo externo (tu cuerpo, lo que tienes o dónde vives). ¡Tu valor está en que Jesús murió, resucitó y ahora vive en ti! Aceptar que eres amado tal y como eres requiere de fe. Tu cuerpo está cambiando constantemente, tu apariencia, tus gustos, cómo te sientes, tu forma de vestir... Sin embargo, ¡lo de adentro permanece!

Por eso, no importa que no seas adulto, que no tengas un cargo en tu congregación local, o que tu historia esté llena de altibajos. ¡Los grandes protagonistas de la Biblia fueron más parecidos a ti de lo que crees! Así que, deja de enfocarte en las apariencias. **¿Puedes reconocer a Jesús en tu forma de ser?** ¡Dios anhela ver a su Hijo en ti!

Ahora, llevemos esa pregunta al próximo nivel: **¿Eres capaz de reconocer a Jesús en los demás?** Una de las cosas más raras que hizo Jesús fue acercarse a personas marginadas y dejadas de lado por la gente de su época: pobres, viudas, enfermos súper contagiosos, prostitutas, corruptos... y la lista

Now, let's take that question to the next level: **Are you able to recognize Jesus in others?** One of the strangest things Jesus did was to approach people who were marginalized and neglected by the people of His day: the poor, widows, the super contagious, prostitutes, the corrupt, and the list goes on. The religious elite thought these types of people were not worthy of their attention. Yet these people, despised by the majority, had Jesus's undivided attention! Each person is different, but the value of each life is the same.

Don't get caught up in appearances – go beyond the wrapper and recognize the wonder of Christ in yourself and others!

- Think: Have you ever felt "undeserving" of God's love? Why? What do you think God would say to you if you had a talk with Him about it?

- Reflect: Who are the "excluded" or "marginalized" people today?

- Imagine: What would Jesus be like with the marginalized today?

- Act: What do you think you could do for them?

> **YOUR MISSION AS THE CHURCH IS TO RECOGNIZE THE LIFE OF CHRIST IN YOU AND IN EACH PERSON.**

PIXELS

THE WHOLE IS MORE THAN THE SUM OF ITS PARTS. YOU WERE CREATED FOR SOMETHING GREATER!

Ever felt the tag in a new shirt scraping against your back? It's extremely annoying, isn't it? An interesting thing is that after a few minutes your skin gets used to the rubbing and stops

△

continúa. Los religiosos pensaban que ese tipo de personas no merecían su atención. ¡Sin embargo, estas personas, despreciadas por la mayoría, tuvieron toda la atención de Jesús! Cada persona es diferente, pero el valor de cada vida es el mismo.

No te dejes llevar por las apariencias. ¡Ve más allá del envoltorio y reconoce lo maravilloso de Cristo en ti y en los demás!

- Piensa, ¿te has sentido "poco merecedor" del amor de Dios alguna vez? ¿Por qué? ¿Qué crees que te diría Dios si tuvieras una charla con él al respecto?

- Reflexiona, ¿quiénes son las personas "excluidas" o "marginadas" en la actualidad?

- Imagina: ¿cómo sería Jesús con los marginados de nuestra época?

- Acciona: ¿qué crees que podrías hacer tú por ellos?

💬 **TU MISIÓN COMO IGLESIA ES RECONOCER LA VIDA DE CRISTO EN TI Y EN CADA PERSONA.**

PIXELES

EL TODO ES MÁS QUE LA SUMA DE SUS PARTES. ¡FUISTE CREADO PARA ALGO MÁS GRANDE!

¿Alguna vez sentiste la etiqueta de una prenda de vestir nueva raspándote en la espalda? Es extremadamente fastidioso, ¿verdad? Algo interesante es que al cabo de unos minutos tu piel se acostumbra al roce y deja de sentirlo. Sin embargo, cuando después de pasar así el día te cambias de ropa, ¡fiuuu! Una sensación de bienestar invade tu cuerpo y repentinamente te sientes mejor. ¡No te dabas cuenta de lo

feeling it. However, when after spending the day like this you change your clothes, whew! A sense of well-being invades your body, and you suddenly feel better. You didn't realize how irritated you were until you got it off and were able to enjoy being free of it!

In the same way, there are bad things that we get so used to that we don't notice them anymore, no matter how terrible they are. We are so used to them happening that we simply forget how great it would feel if they weren't there. Selfishness, injustice, and discrimination are a few examples. If you live in an urban area, you may be used to seeing people living on the street without shelter or food. As you get older, you run the risk of getting used to this and stop feeling the pain that the suffering of another human being should generate in you. You know something? Jesus never got used to it, and He will never get used to it! Look at what Matthew 25:34–40 says:

"Then the King will say to those on his right, 'Come, you who are blessed by my Father, inherit the Kingdom prepared for you from the creation of the world. For I was hungry, and you fed me. I was thirsty, and you gave me a drink. I was a stranger, and you invited me into your home. I was naked, and you gave me clothing. I was sick, and you cared for me. I was in prison, and you visited me.'

"Then these righteous ones will reply, 'Lord, when did we ever see you hungry and feed you? Or thirsty and give you something to drink? Or a stranger and show you hospitality? Or naked and give you clothing? When did we ever see you sick or in prison and visit you?'

"And the King will say, 'I tell you the truth, when you did it to one of the least of these my brothers and sisters, you were doing it to me!'"

Don't live accustomed to injustice when you were created to make a difference! When He was on Earth, Jesus not only called out the wrong but did everything He could to solve it.

irritado que estabas hasta que te la sacaste de encima y pudiste disfrutar de ser libre de eso!

De la misma forma, hay cosas malas a las que nos acostumbramos tanto que ya no las notamos, por más que sean terribles. Estamos tan habituados a que sucedan que simplemente olvidamos lo genial que nos sentiríamos si no estuvieran. El egoísmo, las injusticias y la discriminación son algunos ejemplos. Si vives en una zona urbana, puede que estés habituado a ver personas viviendo en la calle sin abrigo o sin comida. A medida que creces, corres el riesgo de acostumbrarte a esto y dejar de sentir el dolor que debería generarte el sufrimiento de otro ser humano. ¿Sabes algo? ¡Jesús nunca se acostumbró, y nunca se va a acostumbrar! Mira lo que dice Mateo 25:34-40...

"Entonces yo, el Rey, diré a los de mi derecha: 'Vengan, benditos de mi Padre. Entren al reino que está preparado para ustedes desde la fundación del mundo, porque tuve hambre y me dieron de comer; tuve sed y me dieron de beber; fui forastero y me alojaron en sus casas; estuve desnudo y me vistieron; enfermo y en prisión, y me visitaron.'

Y los justos me preguntarán: 'Señor, ¿cuándo te vimos con hambre y te alimentamos, o sediento y te dimos de beber? ¿Cuándo te vimos forastero y te alojamos en casa, o desnudo y te vestimos? ¿Y cuándo te vimos enfermo o en prisión y te visitamos?'

Yo, el Rey, les responderé: 'Todo lo que hicieron a mis hermanos necesitados a mí me lo hicieron'"

¡No vivas acostumbrado a las injusticias, cuando fuiste creado para hacer la diferencia! Cuando estuvo en la tierra, Jesús no solo denunció lo malo sino que hizo todo lo posible para remediarlo. Por ser preadolescente, tú tienes el privilegio de poder ver el mundo con una mirada fresca, y cuestionar todo lo que no te parezca bien. ¡No te acostumbres! Por el contrario, ¡súmate para hacer la diferencia!

As a preteen, you have the privilege of being able to see the world with fresh eyes, and question everything that doesn't seem right to you. Don't get used to it! On the contrary, figure out how to make a difference!

Obviously, individually solving everything terrible in the world is impossible. However, you are not alone! *"All of you together are Christ's body, and each of you is a part of it"* (1 Corinthians 12:27). If you look very closely at the screen of any cell phone or television, you will notice that it is made up of very small luminous dots called "pixels." Each pixel is the smallest unit of a particular color. Individually they are hardly noticeable, but together they can represent everything, just like what happens with the Church when it functions as the body of Christ!

Now think of people from different nations, with landscapes of all kinds (jungles, deserts, cities, mountains) and each speaking their own language. Everything is so different! Yet, connected in faith, they all express love and make a difference in their community. When God sees the Church, He sees Jesus made up of a set of pixels (each person is a pixel).

- *Read James 2:2–8 and Isaiah 58:6–8. Ask yourself, what injustices have I gotten used to? Ask God for forgiveness and look for practical ways you can help repair these injustices.*

- *Read 1 Corinthians 12:12–27 and reflect on your role as part of the Church globally.*

Jesus invites you to be part of a sensitive Church, one that does not become accustomed to the unjust but wants to fulfill God's will by expressing its faith genuinely and in unity.

▶! WHEN YOU LOVE LIKE JESUS, YOU ARE A PIXEL OF THE BODY OF CHRIST ON EARTH.

△

Obviamente, remediar de forma individual todo lo terrible que hay en el mundo es imposible. Sin embargo, ¡no estás solo! *"Todos ustedes forman el cuerpo de Cristo, y cada uno es un miembro necesario de ese cuerpo"* (1 Corintios 12:27). Si miras muy de cerca la pantalla de cualquier celular o televisor notarás que está compuesta por unos pequeñísimos puntos luminosos llamados pixeles. Cada uno es la unidad más chiquita de un color determinado. Individualmente apenas se notan, pero en conjunto pueden representarlo todo. ¡Igual que lo que ocurre con la Iglesia cuando funciona como el cuerpo de Cristo!

Ahora piensa en personas de diferentes naciones, con paisajes de todo tipo (selvas, desiertos, ciudades, montañas) y cada una hablando su propio idioma. ¡Todo es tan diferente! Sin embargo, conectados en la fe, todos ellos expresan amor y marcan la diferencia en su comunidad. Cuando Dios ve la Iglesia, ve a Jesús formado por un conjunto de pixeles (cada persona es un pixel).

- *Lee Santiago 2:2-8 e Isaías 58:6-8. Piensa, ¿a qué injusticias te has acostumbrado? Pídele perdón a Dios y busca formas prácticas en las que puedas ayudar a reparar estas injusticias.*

- *Lee 1 Corintios 12:12-27 y reflexiona sobre tu rol como parte de la Iglesia a nivel global.*

Jesús te invita a ser parte de una Iglesia sensible, que no se acostumbra a lo injusto sino que quiere cumplir la voluntad de Dios expresando su fe de forma genuina y en unidad.

CUANDO AMAS COMO JESÚS, ERES UN PIXEL DEL CUERPO DE CRISTO EN LA TIERRA.

CHAPTER 9

BE THE CHANGE

As a preteen, it's normal for you to question a lot of what's going on around you: injustices, corruption, lies. You're beginning to see the world differently, and you can't help but wonder, why do these things happen? All this new information can confuse you, frighten you, or make you angry. However, getting involved in these massive problems from a negative approach can really make you feel "stuck." Faith will show you the way out! Try to discover the good, the pleasant, and the perfect in God even in the worst scenario. This will turn your worry into

CAPÍTULO 9

SÉ EL CAMBIO

Como preadolescente, es normal que cuestiones mucho de lo que ocurre a tu alrededor: injusticias, corrupción, mentiras. Estás empezando a ver el mundo de otra manera, y no puedes más que preguntarte: "¿por qué suceden estas cosas?" Toda esta nueva información puede confundirte, darte miedo o provocarte enojo. Sin embargo, enredarte en estos problemas existenciales desde un enfoque negativo puede encerrarte en un callejón. ¡La fe te mostrará la salida! Intenta descubrir lo bueno, lo agradable y lo perfecto de Dios aun en el peor panorama. Esto convertirá tu preocupación en motivación, y te volverá una herramienta para expresar luz en medio de la oscuridad. ¡Transforma la realidad y llena el mundo de esperanza!

EL MAPA DEL TESORO

¿CÓMO HALLAR EL TESORO MÁS VALIOSO? ¡JESÚS TE DA EL MAPA!

Después de una semana agotadora, para mí (habla Calo) no hay nada mejor que una buena película. ¡Es el mejor plan para un viernes a la noche! Eso sí, a veces tardo más eligiendo la película que mirándola. Por eso, si nada me llama la atención, voy a lo seguro: las pelis de aventuras nunca fallan. Esas del estilo de *Jumanji* o *Piratas del Caribe*, donde los protagonistas siguen un misterioso mapa que los conducirá hacia su objetivo.

motivation and become a tool to express light in the midst of darkness. Transform your reality and fill the world with hope!

THE TREASURE MAP

HOW DO YOU FIND THE MOST VALUABLE TREASURE?
JESUS GIVES YOU THE MAP!

After a tiring week, for me (Calo) there is nothing better than a good movie—it's the best plan for a Friday night! Of course, sometimes it takes me longer to choose the movie than to watch it. That's why, if nothing catches my attention, I go for the sure thing: adventure movies never fail. Those like *Jumanji* or *Pirates of the Caribbean*, where the actors follow a mysterious map that will lead them to their goal. The feeling of reaching what you are looking for is amazing! Have you ever experienced that?

Now imagine this scene: A magician is attracting attention in the middle of the street. He has a shiny deck of cards in his hand. In a convincing voice he announces: "This is a magic deck. If you take the first card from the pile, you will win the most wonderful prize you can imagine." Suddenly, you are overcome with a mad desire to try—you want that prize! You rush toward the magician and pick up the top card of the deck to get the prize hidden there. You did it, the card is in your hands! However, nothing magical happens. You realize that the magician doesn't even notice. On the contrary, he says again: "The first card of the deck is the best! Take it and you will receive a prize!" Of course, you fell into the trap: the very moment you picked up that card, it instantly stopped being "the first card in the deck." Now that card is in your hand, and there is another one in its place. It has lost its magic.

Well, that's exactly the deception of consumerism! We are led to believe that we will achieve happiness if we have more

¡La sensación de alcanzar aquello que uno está buscando es asombrosa! ¿La has experimentado alguna vez?

Ahora imagina esta escena: un mago está llamando tu atención en medio de la calle. Tiene un brillante mazo de cartas en la mano. Con voz convincente anuncia: "Este es un mazo encantado. Si tomas la primera carta del pilón, ganarás el premio más maravilloso que te imagines". De repente, te invaden unas ganas locas de intentarlo. ¡Tú quieres ese premio! Te abalanzas hacia el mago y tomas la carta de arriba del mazo para conseguir el premio que se esconde allí. ¡Lo lograste, la carta está en tus manos! Sin embargo, nada mágico ocurre. Escuchas que el mago ni se da por enterado. Al contrario, vuelve a proclamar: "¡La primera carta del mazo es la mejor! ¡Tómenla y recibirán un premio!". Claro, caíste en la trampa: justo en el momento en que tomaste aquella carta, instantáneamente dejó de ser la "primera carta del mazo". Ahora esa carta estaba en tu mano y había otra en su lugar. Había perdido su magia.

¡Pues exactamente ese es el engaño del consumismo! Nos hacen creer que alcanzaremos la felicidad si tenemos más y más. No solo nos venden un objeto, sino la idea de que ese objeto va a hacernos felices. ¿Puedes pensar en algo que hayas deseado con desesperación cuando eras niño? ¡Cuántas cosas que creímos iban a "completarnos" hoy duermen perdidas en algún cajón!

La trampa está en que ningún objeto, por sensacional o novedoso que sea, puede llenar nuestro vacío interior. ¡Por eso una vida de fe está enfocada en lo que permanece para siempre! Mira el consejo de Jesús: *"No acumulen tesoros en la tierra, donde la polilla y la herrumbre echan a perder las cosas y donde los ladrones roban. ¡Háganse tesoros en el cielo, donde no hay polilla ni herrumbre que puedan corromper, ni ladrones que les roben!, pues donde esté tu tesoro, allí también estará tu corazón"* (Mateo 6:19-21). No está mal querer cosas, pero debes cuidarte de que el deseo de consumir algo no te

and more. They don't just sell us an object, but the idea that that object is going to make us happy. Can you think of something you desperately wanted as a child? How many things we thought were going to "complete" us that are now lost in a drawer somewhere!

The trap is that no object, no matter how sensational or new, can fill our inner emptiness. That's why a life of faith is focused on what remains forever! Look at Jesus's advice: *"Don't store up treasures here on earth, where moths eat them and rust destroys them, and where thieves break in and steal. Store your treasures in heaven, where moths and rust cannot destroy, and thieves do not break in and steal. Wherever your treasure is, there the desires of your heart will be also"* (Matthew 6:19–21). It is not wrong to want things, but you must be careful that the desire to have something doesn't consume you. Don't waste your life focused on accumulating every "first card in the deck" without enjoying what is most valuable!

So, **how can you know where your heart is?** It's simple: evaluate what things you devote the most time, thoughts, and energy to in your life – that's the map to find what your treasure is! Once you discover it, you will have to think: *Are you focused on what really matters? If not, what will you do about it?* Here are some ideas:

- Reflect on 1 Timothy 6:6–10. Check if you are very attached to your possessions, and the value you place on them. Are you grateful for them? Can you give of what you have to others?

- Think about whether there is a habit that steals too much of your time. Could you devote some of that time to another activity that adds to your relationship with God and others?

- The next time you feel like you are "less" because you don't have something material, remember Jesus's advice and be free of that trap.

consuma a ti. ¡No pierdas tu vida enfocado en acumular cada "primera carta del mazo" y sin disfrutar de lo más valioso!

Entonces, **¿cómo puedes saber dónde está tu corazón?** Es sencillo: evalúa a qué cosas le dedicas más tiempo, pensamientos y energía en tu vida. ¡Ese es el mapa para encontrar cuál es tu tesoro! Una vez que lo descubras, deberás pensar: *¿estás enfocado en lo que realmente importa? Si no es así, ¿qué harás al respecto?* Aquí te compartimos algunas ideas:

- *Reflexiona sobre 1 Timoteo 6:6-10. Fíjate si no estás demasiado apegado a tus pertenencias, y en el valor que les das. ¿Eres agradecido por ellas? ¿Puedes dar de lo que tienes a otros?*

- *Piensa si hay un hábito que roba mucho de tu tiempo. ¿Podrías dedicarle algo de ese tiempo a otra actividad que sume a tu relación con Dios y con los demás?*

- *La próxima vez que te sientas "menos" que otros por no tener algo material, recuerda el consejo de Jesús y sé libre de esta trampa.*

- *¡Comparte lo que acabas de aprender con tus amigos y ayúdalos a ser libres también!*

¿Te has dado cuenta de que en la Biblia no hay ningún registro de las posesiones materiales de Jesús? Sin embargo, Él sí nos dejó un claro mapa de cómo alcanzar el tesoro más valioso, ya que podemos leer sobre los amigos que hizo, las maravillosas aventuras que vivió junto a ellos, y el tiempo que invirtió en su relación con Dios y en el servicio a los demás.

CUANDO TE IMPORTA LO QUE A JESÚS LE IMPORTA, ERES LIBRE DEL CONSUMISMO.

- Share what you've just learned with your friends and help them to be free too!

Did you notice that in the Bible there is no record of Jesus's material possessions? However, He did leave us a clear map of how to achieve the most valuable treasure, as we can read about the friends He made, the wonderful adventures they had together, and the times He invested in His relationship with God and in service to others.

WHEN YOU CARE ABOUT WHAT JESUS CARES ABOUT, YOU ARE FREE FROM CONSUMERISM.

REBEL WITH A CAUSE

DO YOU REBEL AGAINST INJUSTICE, OR DO YOU IGNORE IT? FIND OUT WHAT SETS YOUR HEART ON FIRE!

I don't like going to the dentist! My teeth are a little weak, so I (Nash) must visit my dentist more than I'd like. And while it's not my favorite outing at all, it's funny how my face looks after the anesthesia. You can pinch my skin and I won't feel anything at all—has that ever happened to you? It's a really weird feeling! That numbness lasts only a few hours, but it always makes me think of the other situations where I can be "under anesthesia."

For example, in the city where I live it is common to see people living on the street. For many years that didn't affect me at all. However, when I became a preteen, something started to happen inside me. I started sharing sandwiches with them, asking their name, and stopping to talk for a while. Eventually, I became a volunteer at soup kitchens in vulnerable neighborhoods. In doing so, I felt a mixture of emotions: anguish, helplessness, affection, hope—my heart was pounding so hard!

REBELDE CON CAUSA

¿TE REBELAS ANTE LAS INJUSTICIAS O VIVES ANESTESIADO? ¡DESCUBRE QUÉ ES LO QUE ENCIENDE TU CORAZÓN!

¡No me gusta ir al dentista! Mis dientes (habla Nash) son algo débiles, así que debo visitar a mi odontóloga más de lo que quisiera. Y aunque no es para nada mi salida favorita, me causa gracia cómo queda mi cara luego de la anestesia. Puedes pellizcarme la piel y no sentiré nada de nada. ¿Alguna vez te ocurrió? ¡Es una sensación realmente extraña! Esa insensibilidad dura solo algunas horas, pero siempre me hace pensar en aquellas demás situaciones en las que puedo estar "anestesiada" ...

Por ejemplo, en la ciudad donde vivo es frecuente ver personas viviendo en la calle. Durante muchos años, eso no me afectó en absoluto. Sin embargo, cuando llegué a la prea-dolescencia, algo empezó a pasar dentro de mí. Comencé a compartirles sándwiches, a preguntarles su nombre y a detenerme a conversar un rato. Con el tiempo, me volví voluntaria en comedores situados en barrios vulnerables. Al hacerlo, sentía una mezcla de emociones: angustia, impotencia, cariño, esperanza. ¡Mi corazón latía tan fuerte!

Sin embargo, muchas veces no era comprendida por mi familia o compañeros de escuela. ¡Eso me desesperaba! ¿Acaso les parecía "normal" ver a familias en esas condi-ciones? Sentía que nadie comprendía lo que ocurría en mi interior, pero con el tiempo entendí que, de entre mil opciones, esa causa en particular era la que encendía mi corazón, y que otras personas podían ser sensibles a causas diferentes (aunque igual de importantes).

De la misma forma, Dios hoy nos invita a "rebelarnos" ante la anestesia general que tiene al mundo dormido. Puede ser que

However, I was often not understood by my family or class-mates, which made me upset! Did it seem "normal" to them to see families living in such conditions? I felt that no one under-stood what was going on inside me, but with time I understood that, out of a thousand options, that particular cause was the one that set my heart on fire, and other people could be sen-sitive to different (but equally important) causes.

In the same way, God today invites us to "rebel" against the general anesthesia that has the world asleep. Many adults may already be "used to" certain realities, but as a preteen you have the opportunity to be sensitive to what is happening around you, transform it, and make history. Make faith in Christ your cause!

Here is a list of some current realities that you may want to rebel against:

- **Racial discrimination.** *Thousands of people are discriminated against because of the color of their skin and the way they were created to look. Doesn't that sound crazy to you?*

- **Poverty.** *Nearly half of humanity does not have access to basic needs (clean water, decent housing, balanced nutrition). How does this make you feel?*

- **Environment.** *As a Church we have done very little to care for God's beautiful creation and combat pollution and climate change, problems that only get worse year by year. Have you noticed?*

- **Gender violence.** *For centuries machismo (male dominance) has been subjecting women to being underestimated and mistreated. What do you think about this?*

- **Religious persecution.** *At this very moment, many Christians are putting their lives at risk by sharing the gospel in areas where it is forbidden to do so. How can you support them?*

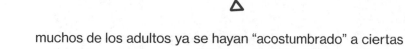

muchos de los adultos ya se hayan "acostumbrado" a ciertas realidades, pero como preadolescente tú tienes la oportunidad de ser sensible a lo que ocurre a tu alrededor, transformarlo y hacer historia. ¡Haz de la fe en Cristo tu causa!

Esta es una lista de algunas realidades actuales contra las que tal vez te quieras rebelar:

- **Discriminación étnica.** *Miles de personas son prejuzgadas por el color de su piel y por el aspecto con el que fueron creados. ¿No te parece una locura?*

- **Pobreza.** *Casi la mitad de la humanidad no tiene sus necesidades básicas satisfechas (acceso a agua potable, vivienda digna, alimentación balanceada). ¿Cómo te hace sentir eso?*

- **Medioambiente.** *Como Iglesia hemos hecho muy poco para cuidar de la hermosa creación de Dios y combatir la contaminación y el cambio climático, problemas que solo empeoran año a año. ¿Lo habías notado?*

- **Violencia de género.** *Desde hace siglos el machismo viene sometiendo a las mujeres a ser subestimadas y maltratadas. ¿Qué opinas de esto?*

- **Persecución ideológica.** *En este mismo momento, muchos cristianos están poniendo en riesgo sus vidas al compartir el evangelio en zonas donde está prohibido hacerlo. ¿Cómo puedes apoyarlos?*

- **¿Conoces alguna otra realidad difícil? ¿Hay alguna causa que encienda de manera especial tu corazón? ¡Anótala en el recuadro!**

Hoy (sigue hablando Nash) ya no soy preadolescente, pero mi corazón sigue encendido: trabajo brindando atención de la salud y sigo estudiando para crear proyectos sociales que mejoren la vida de las personas. ¡Me encanta ser una "rebelde con causa"! No pierdas un minuto más sin orar y movilizarte

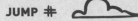

- **Do you know of any other difficult situations, or is there a cause that especially ignites your heart? Write it down in the box!**

Today I (Nash) am no longer a preteen, but my heart is still on fire: I work in health care and I continue to work to create social projects that improve people's lives. I love being a "rebel with a cause"! Don't waste another minute without praying and acting on what sets your heart on fire—God can use you to change history!

> △ ✗ **BEING SENSITIVE TO WHAT GOD PUTS ON YOUR HEART MAKES YOU A "REBEL WITH A CAUSE."**

TURN YOUR DREAMS INTO REALITY

IMAGINE SOMETHING EXTRAORDINARY THAT GOD WOULD WANT YOU TO DO. READY? LET'S GO...

Your imagination has no limits! It's a wonderful thing where everything is possible, and that's okay, because God programmed it specially to work that way. From the imagination of different people were born the songs, the fashions, the sweet snacks, and the series that you enjoy so much.

Imagination is the way to create in your mind that which does not exist ... yet. When we discover the connection between faith and imagination, the result is wonderful! Look at what Jesus tells us: *"I tell you the truth, anyone who believes in me will do the same works I have done, and even greater works, because I am going to be with the Father"* (John 14:12). Wow! Jesus impacted the world and now He's passing the baton to you so that you can do it too. The question is ... what will you do to make that

por aquello que enciende tu corazón. ¡Dios puede usarte para cambiar la historia!

> ## SER SENSIBLE A LO QUE DIOS PONE EN TU CORAZÓN TE CONVIERTE EN UN "REBELDE CON CAUSA".

CONVIERTE TUS SUEÑOS EN REALIDAD

IMAGINA ALGO EXTRAORDINARIO QUE A DIOS LE GUSTARÍA QUE HAGAS. ¿LISTO? CONTINÚA...

¡Tu imaginación no tiene límites! Es una aplicación maravillosa donde todo es posible, y eso está bien, porque Dios la programó especialmente para que funcione así. De la imaginación de distintas personas nacieron las canciones, las modas, los bocadillos dulces y las series que tanto disfrutas.

La imaginación es la forma de representar en tu mente aquello que no existe... aún. ¡Cuando descubrimos la conexión entre la fe y la imaginación, el resultado es maravilloso! Mira lo que nos dice Jesús: *"Les aseguro que el que cree en mí hará las mismas obras que yo hago, y hará obras todavía mayores porque yo vuelvo al Padre"* (Juan 14:12). ¡Vaya! Jesús impactó al mundo y ahora te pasa la posta para que lo hagas tú también. La pregunta es... ¿qué harás para que eso suceda? En la Biblia está la respuesta: *"Supongamos que alguno de ustedes quiere construir una torre. ¿Qué tendría que hacer primero? Tendría que sentarse a calcular el costo, para ver si tiene lo suficiente para terminarla, porque si echa los cimientos y después no puede terminarla, todos los que la vean se burlarán de él. Entonces dirán: 'Este hombre comenzó a construir y no pudo terminar su torre'"* (Lucas 14:28-30).

happen? The answer is in the Bible: *"But don't begin until you count the cost. For who would begin construction of a building without first calculating the cost to see if there is enough money to finish it? Otherwise, you might complete only the foundation before running out of money, and then everyone would laugh at you. They would say 'There's the person who started the building and couldn't afford to finish it'"* (Luke 14:28–30).

Do you prefer one dream that comes true, or thousands spinning around in your head? Once you imagine the tower (your dream), you have two options: either you keep it in your mind as a simple idea or you act and do everything necessary to make it happen. God takes care of inspiring specific dreams in you but that is only the first step; you are responsible for making them come true! How? Just like the man in the illustration, by sitting down to make a plan. In fact, writing it down will be a great help.

Reflect and write it down:

- What are your goals? Stay motivated.

- What resources do you need to achieve them? Write down what you have and what you need to achieve them.

- Who can help you along the way? Share your vision with them.

- What are the small steps toward that goal? Make a list of them.

By now you're probably thinking: can't dreams just magically come true? Imagining fills us with adrenaline and pleasure, but the effort of having to follow a plan can cause laziness! We want the results, but we get lazy doing what we need to do, and so we choose to indulge in little distractions that give us a little bit

¿Prefieres un solo sueño vuelto realidad, o miles dando vueltas pero únicamente en tu cabeza? Una vez que imaginas la torre (tu sueño), tienes dos opciones: o la guardas en tu mente como una simple idea o, por el contrario, accionas en todo lo necesario para hacer que ocurra. Dios se ocupa de inspirarte sueños específicos pero ese es solo el primer paso. ¡Tú eres el responsable de volverlos realidad! ¿Cómo? Igual que el hombre de la ilustración, sentándote a hacer un plan. De hecho, escribirlo será de gran ayuda...

Reflexiona y anota:

- ¿Cuáles son tus objetivos? Mantente motivado.

- ¿Qué recursos necesitas para lograrlo? Escribe lo que tienes y lo que debes conseguir.

- ¿Quiénes pueden ayudarte en el camino? Compárteles tu visión.

- ¿Cuáles son los pequeños pasos a seguir hacia esa meta? Haz una lista de ellos.

A esta altura probablemente estarás pensando: ¿acaso no pueden los sueños simplemente volverse realidad por arte de magia y ya? Imaginar nos llena de adrenalina y placer, pero el esfuerzo de tener que seguir un plan... ¡qué pereza nos da! Queremos los resultados pero nos da vagancia hacer lo necesario, y entonces elegimos dejarnos llevar por pequeñas distracciones que nos producen un poquito de placer inmediato (como ver publicaciones en redes sociales, compartir videos o dormir la siesta) en lugar de trabajar para que nuestro plan se cumpla.

¡Deja de conformarte con lo poco, y ve por lo mejor! Dios quiere que vayas por lo grande. ¡Por eso Jesús dijo que podrías hacer aun más de lo que Él hizo! De hecho, como preadolescente tienes más tiempo, más energía, más creatividad y más fe que la mitad de los adultos que conoces. Anímate a pensar a

of immediate pleasure (like reading social media posts, sharing videos, or napping) instead of working to make our plan happen.

Stop settling for the little things and go for the big ones! God wants you to go for big things—that's why Jesus said you could do even more than He did! In fact, as a preteen you have more time, more energy, more creativity, and more faith than half the adults you know. Be encouraged to think long term, beyond your current circumstance—in Christ you are unstoppable!

Of course, at some point you're going to need a good amount of perseverance, and that's where faith will propel you. You will be constant in what you do, and you will achieve what God wants for you. You will transform your life and the lives of others!

Now, reread the above points and get started!

GOD INSPIRES DREAMS IN YOUR MIND, BUT YOU MUST PLAN WITH FAITH TO MAKE THEM COME TRUE.

PRESS PLAY

THERE'S NO POINT IN ACCUMULATING KNOWLEDGE IF YOU DON'T PUT IT INTO ACTION.

I (Calo) love listening to music! I open my favorite music platform and find thousands of albums ready to be listened to. What is your favorite style? It's crazy to think that your grandparents had to buy a cassette that came with only a few recorded songs, and they had to listen to them all in the same order (if you don't know what they were like, ask your family... maybe there's one of these "museum pieces" stored somewhere in your house). And if you wanted to see a movie, you had to wait months after its release until you could get it on VHS (an even bigger cassette)

△

largo plazo, más allá de las circunstancias actuales. ¡En Cristo eres imparable!

Claro que en algún momento vas a necesitar una cuota de "perseverancia", y es ahí donde la fe te impulsará. Serás constante en lo que hagas, y lograrás lo que Dios quiere para ti. ¡Transformarás tu vida y la de los demás!

Ahora, vuelve a leer los puntos anteriores ¡y comienza!

> ## DIOS INSPIRA SUEÑOS EN TU MENTE, PERO TÚ DEBES PLANIFICAR CON FE PARA QUE SE VUELVAN REALIDAD.

DALE PLAY

NO SIRVE DE NADA ACUMULAR CONOCIMIENTOS SI NO LOS PONES EN ACCIÓN.

¡Me encanta escuchar música! (habla Calo). Abro mi plataforma favorita y encuentro miles de álbumes listos para ser escuchados. ¿Cuál es tu estilo preferido? Es loquísimo pensar que tus abuelos debían comprar un cassette que traía solo algunas canciones grabadas, ¡y tenían que escucharlas todas en el orden que venían! (si no sabes cómo eran, pregúntale a tu familia... tal vez haya quedado una de estas "piezas de museo" guardada en alguna parte de la casa). Y si querían ver una película, debían esperar meses desde su estreno hasta poder conseguirla en VHS (un cassette aún más grande) para poder disfrutarla en casa. ¡Tremendo! Ahora con solo entrar a internet tienes acceso a millones de álbumes, series y películas completas que puedes descargar en el momento.

Todo esto es genial, pero ¿sabes qué hace falta para disfrutarlas? ¡Darles play! Imagina tener acceso a tanto arte y entretenimiento, pero no animarte a accionar esa flechita que lo

to enjoy it at home. Terrific! Now just by going online you have access to millions of albums, series, and full-length movies that you can download on the spot.

All this is great, but do you know what it takes to enjoy them? Playing them! Imagine having access to so much art and entertainment, but not having the courage to press that little arrow that sets it in motion—a real waste! What's the point of having so much material, no matter how great it is, if you don't take advantage of it? Well, that's exactly what Jesus asked when He encountered a Pharisee. In a sense, Pharisees were like "Megamind" or "Jimmy Neutron." They were characters with giant heads full of information. They were clear about what needed to be done ... but they didn't actually do much. And the puzzle is that all that knowledge made them feel important, so they made others feel dumb for not knowing as much as they did. You know what? Jesus loves the simple people! He loves people who might not know much, but who trust Him enough to change history.

Don't forget who you really are! If you have a lot of information but little courage to put it into practice, we want to encourage you to make a decision. You may be feeling fear, doubt, insecurity, or many other difficult emotions that arise when you mix the great things God says about you with lies that you make up or that you hear around you. These lies make you feel that you don't have enough, that you are missing something, that you are not special, or that you just have to be content with your reality. Don't believe them! Jesus knows who you are, He knows everything about you, and, exactly like you are, He loves you! Whether you're a fisherman, skateboarder, eager, talented, nerd, dancer, or anything else, He knows the immense value of your life, He loves you like no one else in the world, and He wants to live in your heart and fill you with His power. A transforming power that is attractive like a magnet, changes environments, frees people, and spreads love wherever you are. Are you ready to activate this power? Just press Play!

pone en marcha. ¡Un verdadero desperdicio! ¿Qué sentido tiene guardar tanto material, por genial que sea, si no lo aprovechas? Bueno, exactamente eso es lo que se preguntaba Jesús cuando se encontraba con un fariseo. En un sentido, los fariseos se parecían a "Megamente" o a "Jimmy Neutron". Eran personajes con cabezotas gigantes llenísimas de información. Tenían claro lo que había que hacer... pero se quedaban ahí. Y la paradoja es que todo ese conocimiento los hacía sentirse importantes, de manera que rebajaban a los demás por no saber tantas cosas como ellos. ¿Sabes qué? ¡Jesús amaba lo simple! Él amaba a las personas que quizás no sabían mucho, pero que confiaban en Él lo suficiente como para cambiar la historia.

¡No olvides quién eres en realidad! Si hasta el día de hoy tuviste mucha información pero poco coraje para ponerla en práctica, queremos animarte a tomar una decisión. Es posible que sientas miedo, dudas, inseguridad o tantas otras emociones difíciles que surgen cuando se mezclan lo genial que Dios dice de ti, con mentiras que te inventas o que escuchaste por ahí. Estas mentiras hacen que sientas que "no tienes lo suficiente", que "te falta algo", que no eres especial, o que simplemente debes conformarte con tu realidad. ¡No las creas! Jesús sabe quién eres, Él conoce todo sobre ti, ¡y así, exactamente así, te ama! Ya sea que seas pescador, *skater*, ansioso, talentoso, trapero, nerd, bailarín, o cualquier otra cosa. Él conoce el valor inmenso de tu vida, te ama como nadie en el mundo, y quiere vivir en tu corazón y llenarte de su poder. Un poder transformador que es atrayente como un imán, que cambia los ambientes, libera a las personas y contagia amor donde quiera que estés. ¿Estás dispuesto a activar este poder? ¡Solo debes darle *play*!

- *Ahora, si quieres, puedes volver a leer este libro mil veces, o ninguna. Pero por favor, pon en práctica lo que aprendiste a lo largo de sus páginas. Permite que el Señor transforme tu vida desde el interior, y muéstrales a las personas el amor de Dios con la*

- *Now if you want to, you can reread this book a thousand times, or none at all. But please, put into practice what you learned throughout its pages. Let the Lord transform your life from the inside out and show people God's love with the same passion that Jesus did. People desperately need more people who reflect Christ!*

PRESS PLAY ON YOUR FAITH AND START TRANSFORMING THE WORLD!

△

misma pasión con que Jesús lo hizo. ¡La gente necesita desesperadamente más personas que reflejen a Cristo!

¡DALE PLAY A TU FE Y COMIENZA A TRANSFORMAR EL MUNDO!

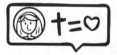

ALGUNAS PREGUNTAS QUE DEBES RESPONDER:

¿QUIÉN ESTÁ DETRÁS DE ESTE LIBRO?

Es un equipo de pastores y siervos de distintos países, distintas denominaciones, distintos tamaños y estilos de iglesia que amamos a Cristo y a las nuevas generaciones.

e625.com

¿DE QUÉ SE TRATA E625.COM?

Nuestra pasión es ayudar a las familias y a las iglesias en Iberoamérica a encontrar buenos materiales y recursos para el discipulado de las nuevas generaciones y por eso nuestra página web sirve a padres, pastores, maestros y líderes en general los 365 días del año a través de   con recursos gratis.

zona de contenido
PREMIUM

¿QUÉ ES EL SERVICIO PREMIUM?

Además de reflexiones y materiales cortos gratis, tenemos un servicio de lecciones, series, investigaciones, libros online y recursos audiovisuales para facilitar tu tarea. Tu iglesia puede acceder con una suscripción mensual a este servicio por congregación que les permite a todos los líderes de una iglesia local, descargar materiales para compartir en equipo y hacer las copias necesarias que encuentren pertinentes para las distintas actividades de la congregación o sus familias.

¿PUEDO EQUIPARME CON USTEDES?

Sería un privilegio ayudarte y con ese objetivo existen nuestros eventos y nuestras posibilidades de educación formal. Visita   para enterarte de nuestros seminarios y convocatorias e ingresa a   para conocer los cursos online que ofrece el Instituto E 6.25

¿QUIERES ACTUALIZACIÓN CONTINUA?

Regístrate ya mismo a los updates de   según sea tu arena de trabajo: Niños- Preadolescentes- Adolescentes- Jóvenes.

¡APRENDAMOS JUNTOS!

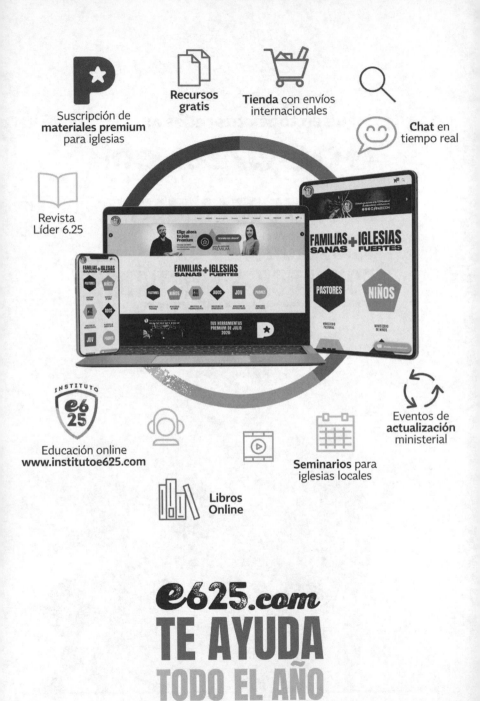

Suscripción de
materiales premium
para iglesias

Recursos
gratis

Tienda con envíos
internacionales

Chat en
tiempo real

Revista
Líder 6.25

FAMILIAS + IGLESIAS
SANAS FUERTES

Educación online
www.institutoe625.com

Seminarios para
iglesias locales

Eventos de
actualización
ministerial

Libros
Online

e625.com
TE AYUDA
TODO EL AÑO